Arabic vs. Arabic

A Dialect Sampler

Matthew Aldrich

lingualism

© 2018 by Matthew Aldrich

The author's moral rights have been asserted.
All rights reserved. No part of this document may be reproduced or transmitted in any form or by any means, electronic, mechanical, photocopying, recording, or otherwise, without prior written permission of the publisher.

ISBN-13: 978-0-9986411-8-8

website: www.lingualism.com/arabic
email: arabic@lingualism.com

Cover art: © ponsuwan / 123RF Stock Photo
Map (p. 1): © negoworks / 123RF Stock Photo

Table of Contents

Introduction .... *vi*
How to Use the Book .... *viii*
Let's Meet Our Friends! *1*
Common Nouns *6*
    Animals 6
    Clothing, etc. 7
    Furniture 8
    Housing and Transportation 9
    Food 10
    Drinks 11
    Publications 12
    Technology 13
Social Expressions *14*
    Greetings 14
    How Are You? 15
    Introductions 16
    Common Courtesies 17
Number *18*
    People 18
    Quantity 20
    Numbers 22
    Numbers with Nouns 28
Pronouns *32*
    Demonstrative Pronouns 32
        This: Masculine Singular 32
        This: Feminine Singular 33
        That: Masculine Singular 34
        That: Masculine Singular 35
        These: Masculine Plural 36
        These: Feminine Plural 37
        Those: Masculine Plural 38
        Those: Feminine Plural 39

- This is.. 40
- These are.. 41
- This is not.. 42

Relative Pronouns 43

Possessive Pronouns 44
- First-Person 44
- Second-Person.. 45
- Third-Person... 46
- Family.. 47

Personal Pronouns 51
- First Person 51
- Second Person 52
- Third Person 53

Here and Now 54

Other Pronouns 56

Adjectives 58

Prepositions 63

Verbs 67

Verb Conjugatoins 67
- Perfect Tense: First Person 67
- Perfect Tense: Second Person 68
- Perfect Tense: Third Person 69
- Imperfect Tense: First Person 70
- Imperfect Tense: Second Person 71
- Imperfect Tense: Third Person 72

Common Verbs.. 73
- Go, Come 73
- Do, Become 74
- Sleep, Wake Up 75
- Speak, Say 76
- Give, Take 77
- Arrive, Bring 78
- See, Watch 79
- Eat, Write, Find.. 80

Verb Tenses.. 81
- Past Tense 82
- Present Habit.. 83
- Present Continuous 84
- Future Tense 85
- Verbs of Motion 86
- Present Habit and Present Continuous 87
- Past and Future 88

More on Verbs 89
- Want 89
- Can.. 91

- Have 92
- There is 94

Questions 95
- **Yes/No Questions** 95
- **Question Words** 97
  - What 97
  - Who 98
  - Where 99
  - When 102
  - Why 103
  - How 104
  - How Much 105
  - How Many 106
  - Which 107

Conjunctions 108
- And, Or, But 108
- Because 109
- So 110
- When 111
- Before 112
- After 113

Time 114
- **Months** 115
- **Days of the Week** 118
- **Adverbs of Frequency** 120

Weather 121

Arabs Say… 122

Your Notes 127
- **MSA** 128
- **Moroccan** 130
- **Algerian** 132
- **Tunisian** 134
- **Sudanese** 136
- **Egyptian** 138
- **Palestinian** 140
- **Jordanian** 142
- **Lebanese** 144
- **Syrian** 146

Iraqi	148
Qatari	150
Bahraini	152
Saudi	154
Yemeni	156

Visit

www.lingualism.com/arabic

Audio Tracks

Access the **free** accompanying **MP3s**, which can be downloaded or streamed from the Audio Library.

Anki Flashcards

Study the words and phrases of the dialects of your choice using Anki flashcards with audio.

(Available as a separate purchase.)

Dialect-Specific Study Packs

Focus on the dialects of your choice with PDF ebooks and segmented audio files.

(Available as a separate purchase.)

Introduction

This book is for you.

If you're learning Arabic, you've probably started with Modern Standard Arabic (MSA). Or perhaps a dialect? You might be learning both MSA and a dialect (or two!) in tandem. And you're certainly aware that there are many more dialects out there. It may seem daunting. But just how similar *and* different are they from one another? If you're curious, this book is for you.

Arabic vs. Arabic: A Dialect Sampler lets you explore the vocabulary, pronunciation, and grammar of 15 varieties of Arabic (14 dialects and MSA) through tables with notes and free, downloadable accompanying audio. You can go through the tables in order or skip around the book to see what catches your attention. The book really is meant to be a *sampler platter* to give you a *taste* of each dialect and a better understanding of just how varied the various varieties of Arabic are. The layout encourages the *self-discovery* method of learning. While the notes under many tables identify points of interest, you are encouraged to find patterns, exceptions, innovative features of dialects, and universals by studying the tables and listening to the audio tracks.

The Dialects

Just how many "Arabics" are there? How many varieties? It's not a question with a straightforward answer. Arabic comprises of a continuum of dialects stretching over the entire Arab world—from northern Africa to western Asia. It's akin to asking how many colors exist. The best we can do is draw artificial lines to categorize dialects, while still understanding that there are regional variations within each named dialect, just as we understand that there are many shades of *blue* or *yellow*.

To keep things simple—more digestible—we have labeled dialects by national boundaries. Many countries have a *de facto* "official" dialect, usually the one widely spoken in the capital city, which carries more prestige than varieties spoken elsewhere in the country. So, for instance, when we say "Egyptian Arabic" in this book, it is more precisely "Cairene Arabic." However, what we call "Saudi Arabic" is not the dialect spoken around Riyadh (which is known as Najdi Arabic), but the Hejazi dialect of western Saudi Arabia (Jeddah, Mecca, and Medina). The decision was made to include Hejazi Arabic in this book, as the number of its speakers rivals Najdi, which is similar to Gulf Arabic (and can be largely represented by Qatari and Bahraini Arabic in this book).

Arabs refer to their spoken language as العامّية or الدّارِجة ('*the common/colloquial language*'). You might also hear terms such as شعْبي and لُغة الشّارِع ('*the language of the street*'). In English, they will often call it '*slang*'—not an accurate term but perhaps an indication of their attitude toward the spoken language.

The pie chart on the following page shows the 14 dialects presented in this book along with the approximate number (in millions) of native speakers for each. They make up 85 percent of the estimated 294 million native speakers of Arabic. The remaining 15 percent are mainly speakers of Libyan Arabic (which is closest to Tunisian), Sa'idi Arabic (spoken in southern Egypt), Najdi Arabic, as well as Omani, Emirati Arabic, and Kuwaiti (varieties of Gulf Arabic). Note that MSA does not appear in the pie chart because it has precisely zero native speakers; it is a second-language for Arabs.

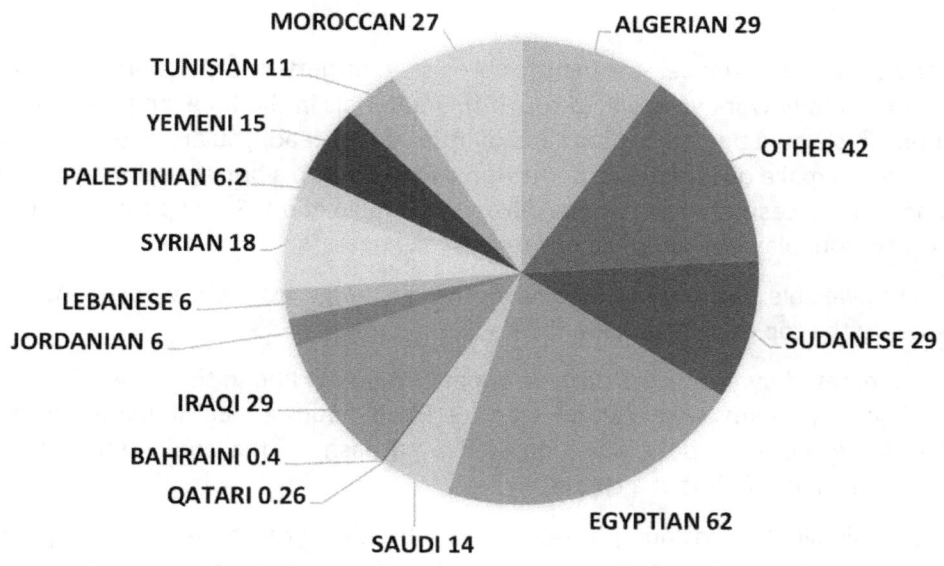

Number of native speakers in millions. *

MSA vs. The Dialects

MSA is not considered a dialect, per se. We can call it and the dialects *varieties*. That said, the term *dialects* is used, for the sake of simplicity, throughout this book to refer to all of the 15 varieties presented in the tables, often including MSA.

MSA has a special function in Arab society. It is rarely used in spoken interpersonal communication—this is the realm of the dialect. Instead, MSA has a much more limited role with specific uses—primarily the written language. Arab countries recognize MSA as their official language. (See p. 5 for more. And how do Arabs feel about MSA, and not their local dialect, being official? See p. 126)

The dialects are not commonly written, although this is changing with the advent of phone texting and online social media. Because dialects have no official status, there are no official rules of orthography (spelling). Final short vowels are sometimes represented by a short vowel and sometimes written long, for example: اِنْتِ or اِنْتي (*f.* 'you'). Both can be seen in various dialects depending on the spelling preferences of the individual. (See p. 124)

Acknowledgments

I would like to express my appreciation to everyone who participated in this project. Thank you for your enthusiasm in helping others learn about your language and culture; and for your patience with my many questions. I am particularly grateful for the assistance given by Lilia Khachroum in the editing process.

* *The number of native speakers of Arabic was arrived at by averaging numbers from various sources, taking into account the classification of dialects as presented in this book.*

How to Use the Book

Arabic vs. Arabic: A Dialect Sampler is meant for browsing, or better put, *exploring*. You are not expected to methodically work your way through the materials in the book and memorize all of the information. This would be both tedious and of little use. Instead, you are meant to study the tables just enough to make observations, deductions, and develop a better understanding of the similarities and differences between various dialects of Arabic and MSA. Flip through the book, see what interests you, play the audio, be observant, take notes.

Audio tracks are available to download or stream free of charge from our website. Audio track numbers appear at the top of each table in the book.

Synonyms are separated by a forward slash or appear on a new line in the tables. In the audio tracks, you will hear synonyms separated by a chime. Plural nouns appear in parentheses in the tables; perfect/imperfect verb pairs are separated by a dash. In the audio tracks, these are separated by a short pause (without a chime).

Circle, underline, highlight words and phrases in the tables. It's your book. Mark it up. Make it your own! There are also special pages (*"Your Notes"*) for note taking at the back of the book. (See p. 127.) If you are against writing in your book or have a digital copy and prefer taking notes on paper, use a notebook. You can also download a PDF of the *Your Notes* section from **www.lingualism.com/ava-notes** to print out for personal use.

Every effort has been made to provide accurate *tashkeel* (diacritics) to illustrate the pronunciation of words and phrases in the dialects. If what you hear on the audio tracks does not, according to your ear, match the tashkeel, by all means, write over the tashkeel to correct it. There will always be some level of subjectivity here, especially since the dialects possess different vowel qualities that are not always easy to represent with tashkeel designed for MSA. In this book, the diphthongs /ay/ and /aw/ are shown with fatha and sukuun, as in the MSA بَيْت /bayt/ and يَوْم /yawm/. To represent the long vowel sounds /ē/ ([e:]) and /ō/ ([o:]) found in many dialects, only sukuun is written, as in the Egyptian بيْت /bēt/ and يوْم /yōm/.

You will notice that certain consonants differ in pronunciation among the dialects. ج may sound like [dʒ] (as in English job), [ʒ] (as in vision), [g] (as in go), and even [j] (as in yes), depending on the dialect. ق is often [ʔ] (the sound of *hamza*) or [g]. The emphatic consonants ظ and ض also tend to have varied pronunciations among the dialects. And listen carefully to the Moroccan ت! Keep your ears open and take notes.

Some words of foreign origin contain sounds not easily represented with the standard letters of the Arabic alphabet. Special letters represent these sounds: ڤ [v], پ [p]. In some dialects, you will also see ڭ [g] and چ [tʃ] (as in chair).

Are you ready? Press *play* on track 1 and meet the 15 people who are representing MSA and the fourteen dialects featured in the book.

Let's Meet Our Friends!

🎧 1 Hello, everyone! My name is __. I am from __, and I live in __. I am __ years old.

① MSA مَرْحَبًا بِالجَمِيعِ! اِسْمِي هُوَ هِبَة. أَنا مِنْ مِصْر وَأَعِيشُ في القَاهِرة وَعُمْرِي ثلاثونَ سَنَة.

⑪ مَرْحَبا كلُّكُم! اِسْمِي هُوَّ حُسين. آني مْنِ العِراق وَعايِش بْبَغْداد وَعُمْرِي ٢٢ سَنة.

⑩ أَهْلًا بِالجَّمِيع! إِسْمِي أَماني أَنا مِن سوريّا و عايْشة بِتْوبِنْغِن و عُمْرِي حَوالَيْ الـ٣٥ سِنِة.

⑦ مَرْحَبا! إِسْمِي رِيهام. أَنا مِن فَلَسْطِين وْعايْشَة بْغَزّة وْعُمْرِي ٢٧ سَنَة.

⑧ مَرْحَبا بِالجَّمِيع! اِسْمِي آيَة. أَنا مِ الأُرْدُن. و بْعِيش في عَمَّان، و عُمْرِي ١٨ سَنَة.

⑨ مَرْحَبا جَمِيعاً! إِسْمِي سام، أَنا مِن لِبْنان. عايِش بْبَيْروت، عُمْرِي ١٨ سِنة.

⑬ سَلام عْلِيكُم! آنا اِسْمِي نَدى. آنا مْن البَحْرِين وُ ساكْنَة في وِلايَة ماريلانْد وُ عُمْرِي ٢٦ سَنَة.

⑥ أَهْلًا بِيكو! إِسْمِي مُحَمَّد. أَنا مِن مِصْر، وعايِش في مُحافظِة القَاهِرة وعَنْدِي ٢٠ سَنَة.

③ سَلامُ عْلِيكُم قَاع! أَسْمِي هُوَ صَلاح الدِّين. أَنا مِن دْزاير وِ نْعِيش في قُورايَّة، و عِمْرِي ٢٠ سَنَة.

④ عَسْلامِتْكُم اِسْمِي لِيلِيا مِن تونِس و نْعِيش في العَاصْمَة تونِس و عُمْرِي ٢٦ سَنَة.

② السَّلامُ عْلِيكُم! سْمِيتي أَيُّوب. أَنا مِنِ المَغْرِب، وكَنْعِيش في مَدِينة فاس، وَ عُمْرِي ٢١ سَنَة.

⑤ السَّلامُ عَلَيْكُم كُلّكُم! أَنا اِسْمِي عَوَض. أَنا مِنِ السُّودان وَ بَعِيش في الخَرْطُوم. وَ عُمْرِي ٢٤ سَنَة.

⑮ أَهْلًا وَسَهْلًا بِالجَمِيع! إِسْمِي عِصام. أَنا مِنَ اليَمَن وْبَيْن أَعِيش في صَنْعاء وْعُمْرِي ٣٧ سَنَة.

⑭ مَرْحَبا جَمِيعاً! إِسْمِي رانْيا. أَنا سُعُودِيَّة و عايْشَة في جِدَّة و عُمْرِي ٢٣ سَنَة.

⑫ أَهْلًا بِالجَمِيع! إِسْمِي أَدْهَم. أَنا مِن قَطَر و عايِش بِالدَّوْحَة و عِنْدِي ٢٧ سَنَة.

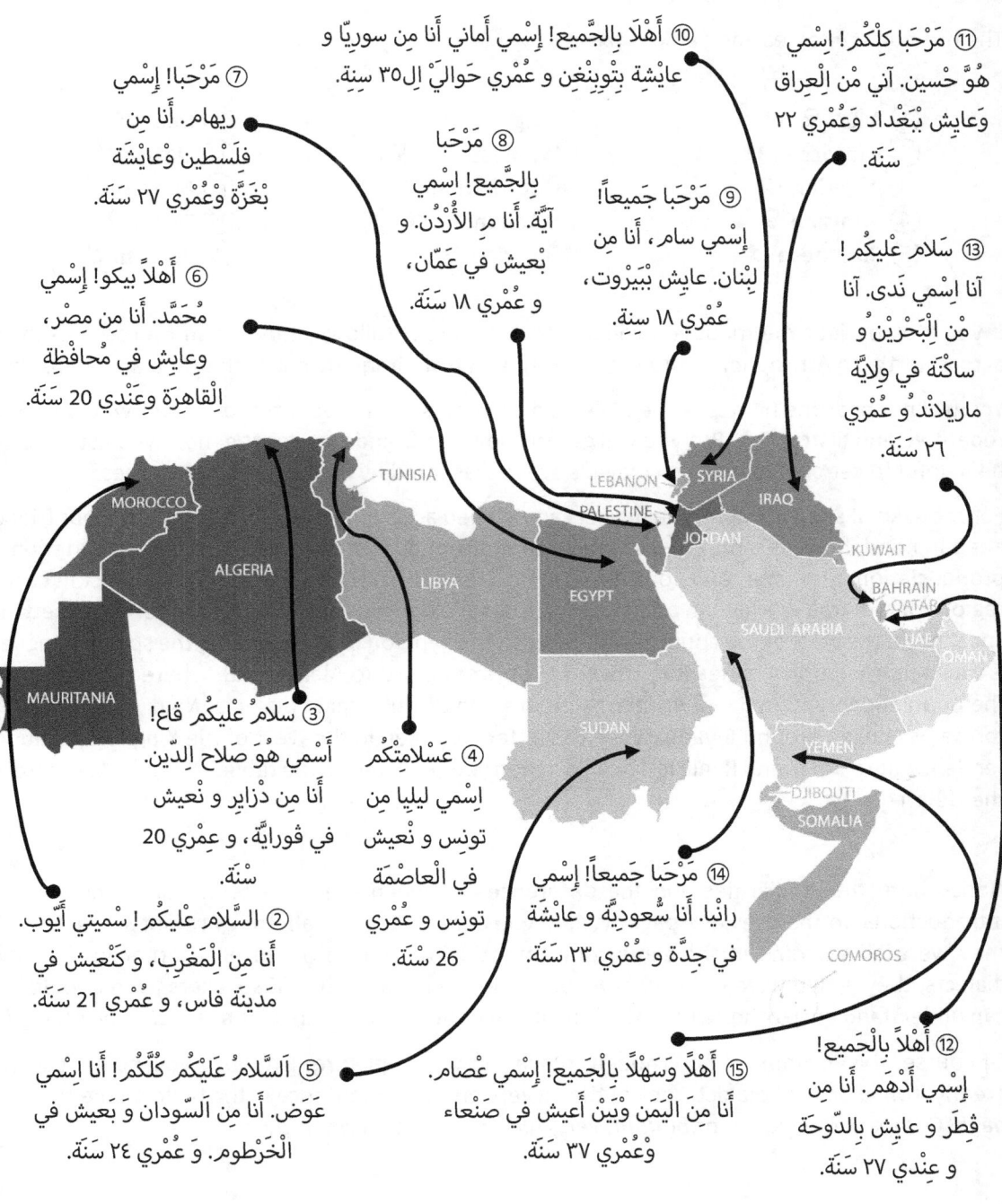

1 | Arabic vs. Arabic: A Dialect Sampler

On the previous page, we met the fifteen individuals who participated in this project. We could refer to them as participants, linguistic informants, or native speakers, but let's just call them *our friends*.

The first voice that you heard was Heba's. She is from Egypt, so her native dialect is, of course, Egyptian Arabic, but she will be representing Modern Standard Arabic (MSA) in this book. On the audio tracks, you will first hear Heba speaking MSA, followed by the equivalents in the native dialects of our other fourteen friends.

The order in the tables and audio is fixed:

① MSA ♀	⑥ Egyptian ♂	⑪ Iraqi ♂
② Moroccan ♂	⑦ Palestinian ♀	⑫ Qatari ♂
③ Algerian ♂	⑧ Jordanian ♀	⑬ Bahraini ♀
④ Tunisian ♀	⑨ Lebanese ♂	⑭ Saudi ♀
⑤ Sudanese ♂	⑩ Syrian ♀	⑮ Yemeni ♂

If you look back at the map, you will see that the order follows a line, from Morocco eastward across northern Africa, north into the Levant, then from Iraq down into the Arabian Peninsula.

You will not hear the names of the dialects or numbers in the audio tracks, as this would become repetitive and distracting. But you will get to know our friends' voices the more you listen. It may be helpful to keep in mind which dialects are represented by male and female voices.

For the sake of simplification, the dialects are labeled according to the nationalities of our friends. Keep in mind, however, that there is not one uniform dialect per country. Regional variations in pronunciation, grammar, and vocabulary exist. These differences can be more distinct in certain regions of the Arab world than others. In Algeria, for example, there are clear differences between speakers in the west of the country and the east. In Egypt, on the other hand, the spoken language is much more uniform, at least in Lower Egypt (from Cairo to Alexandria), where the majority of the population lives. In Saudi Arabia, there are two distinct, main dialects, Najdi and Hejazi. The former is spoken around Riyadh, while the latter is spoken in the west of the Kingdom, including Jeddah, where our friend Rania is from. So, when you see *Saudi* in the tables, this is, more correctly, the Hejazi dialect.

Notice both the similarities and the differences between the dialects of our friends in their introductions on the previous page. Would you agree that, overall, they are not *so* different? If they were all standing in the same room introducing themselves to each other in their own dialects, they would have little difficulty understanding each other. If speakers from two dialects can understand each other with little difficulty, we say that their dialects are *mutually intelligible*.

Of course, this example is not enough to see the whole picture. Everyday vocabulary can vary greatly from dialect to dialect. Look at the 15 versions of the sentence in the table on the following page. Compare the words for *bought, very, nice, shoes,* and *yesterday*.

🎧 2
I bought some very nice shoes yesterday.

MSA	اِشْتَرَيْتُ حِذاءًا جَميلًا جِدًّا أَمْس.
MOROCCAN	شْرِيت الْبارِح صَبّاط زْوين.
ALGERIAN	شْرِيت صِبّاط شْباب بِزّاف الْبارِح.
TUNISIAN	شْرِيت صَبّاط مِزْيان بَرْشا الْبارَح.
SUDANESE	اِشْتَرَيْت جَزْمَة سَمْحَة أُمْبارِح.
EGYPTIAN	اِشْتَرَيْت إِمْبارَح جَزْمَة حِلْوَة أَوي.
PALESTINIAN	اِشْتَرَيْت جَزْمَة إِمْبارِح كْتير حِلْوَة.
JORDANIAN	اِشْتَرَيْت كُنْدَرَة حِلْوَة كْتير إِمْبارِح.
LEBANESE	شْتَرَيْت صُبّاط كْتير حِلو مْبارِح.
SYRIAN	شْتَرَيت امْبارْحَة كِنْدْرَة بْتعَقِّد.
IRAQI	اشْتَرَيت حِذاء كِلِّش حِلو الْبارْحَة.
QATARI	شَرَيْت جوتي وايِد حِلو أَمْس.
BAHRAINI	شِريت جوتي وايِد حِلو أَمْس.
SAUDI	اَشْتَرَيْت جَزْمَة حِلْوَة مَرَّة أَمْس.
YEMENI	اِشْتَرَيْت جَزْمَة حالِيَة قَوي أَمْس.

Small differences in pronunciation aside, there are, among other differences, five distinct words for *shoes*: حِذاء (MSA, Iraqi), صَبّاط (Moroccan, Algerian, Tunisian, Lebanese), جَزْمة (Sudanese, Egyptian, Palestinian, Saudi, Yemeni), كَنْدرة (Jordanian, Syrian), and جوتي (Qatari, Bahraini). If we look back at the map, we can see that this and other shared words are largely regional. For instance, أَمْس is used exclusively on the Arabian Peninsula.

In a survey I conducted with speakers from around the Arab world, I asked which dialect(s) were the most difficult for them to understand. The overwhelming response was *Maghrebi*—an umbrella term for the dialects of northwestern Africa (Morocco, Algeria, Tunisia, and Libya). Not surprisingly, Maghrebi speakers thought that the dialects spoken the furthest to the east, namely Gulf Arabic (the dialects spoken in countries along the Persian Gulf), were the hardest to understand.

Non-shared vocabulary can cause a barrier to understanding between Arabs from different regions. In each dialect, local history is reflected in words borrowed from other languages, due to geography, colonization, or globalization (Persian, Turkish, French, Italian, Spanish, English), and even indigenous languages (such as Coptic and Berber). But vocabulary is not the only factor. Accent, pronunciation, and idiomatic expressions also play a role.

What makes other dialects hard to understand?

"Most of the Arabic dialects have their own unique words and pronunciation. Some use unfamiliar words, while others use unfamiliar pronunciation. There are wide combinations and varieties in every dialect that make it hard to understand for speakers of other dialects. For example, I can't understand Maghrebi dialects. They use very unfamiliar words and pronunciation. They also use many French words, which, in addition to this combination of unfamiliar words and pronunciation, makes this dialect very hard to understand." —**Milad, Syria**

"Variation in vocabulary is usually the number-one reason for difficulties in communication among different Arab dialects. The way people pronounce things comes next. For example, if a Jordanian were to talk to a Moroccan, both would find it very difficult to understand each other due to the lack of common vocabulary. However, if a Jordanian were to talk with a Saudi, vocabulary wouldn't be much of an issue. However, the way words are pronounced would make a slight challenge." —**Suhaib, Sudan**

"Vocabulary, as some places use words of non-Arabic origin as a part of their dialect, such as in Algeria. Also, in some places, the words deviate so much from the Arabic origin that you cannot easily relate them to the corresponding words in MSA." —**Mohamed, Egypt**

"…Gulf Arabic also has difficult-to-understand vocabulary. For example, I was having a conversation with a U.A.E. national and asking if he'd help me with something, and he kept saying باشر. This, in MSA, means 'go ahead' or 'start,' but in Gulf Arabic, it means 'tomorrow.' In Lebanon, we'd say بُكْرا." —**Rita, Lebanon**

"One day, I met a Moroccan guy and I had to speak with him, but I couldn't understand what he was saying or talking about. So, we decided to use MSA so we could understand each other. We also shifted to English and French. Of course, this is much easier than talking using the dialects." —**Zakaria, Palestine**

"…I will tell you a funny and embarrassing story that happened to me when I was young. An Egyptian friend of my father came to our house, and when he was speaking, he said بُصّ. In Egyptian, it means 'look.' In Tunisian, it means 'fart.' I was 10 years old, and I started laughing and embarrassed everyone in the room. Some vocabulary has different meanings in different countries. And some vocabulary is totally new and different. For example, the Algerians say بِزّاف which means 'very.' Other people cannot understand it because it is specific to the Algerian dialect—the same as بَرْشا for Tunisians, أَوي for Egyptians, and هَلْبا for Libyans." —**Zaidi, Tunisia**

"Pronunciation and Vocabulary. For example, the Moroccan word for 'very' is بِزّاف, and in my Hejazi dialect, it is كتير or مَرَّة." —**Rania, Saudi Arabia**

(For more from the survey, see page 122.)

And which dialects are the easiest to understand? In addition to naming neighboring countries, many Arabs in the survey added that Egyptian and Levantine (the umbrella term for Syrian, Lebanese, Palestinian, and Jordanian) were both easy to understand for the same reason: the popularity of Egyptian and Lebanese media (movies, TV, and music).

Here, we have 15 versions of another sentence for comparison. Notice the words used for *president, analyzed, economic,* and *situation.*

🎧 3
The president analyzed the economic situation.

MSA	قَدْ حَلَّلَ الرَّئِيسُ الوَضْعَ الاِقْتِصادِيَّ.
MOROCCAN	الرَّئِيس حلَّل الوَضْع الاِقْتِصادي.
ALGERIAN	الرَّئِيس حلَّل الوَضْع الاِقْتِصادي.
TUNISIAN	الرَّئِيس حَلَّل الوَضْع الاِقْتِصادي.
SUDANESE	اَلرَّئِيس حَلَّل اَلْوَضْع اَلْاِقْتِصادي.
EGYPTIAN	الرِّئِيس حلَّل الْوَضْع الاِقْتِصادي.
PALESTINIAN	حَلَّل الرِّئِيس الْوَضْع الاِقْتِصادي.
JORDANIAN	الرِّئِيس حَلَّل الْوَضْع الاِقْتِصادي.
LEBANESE	حَلَّل الرِّئِيس الْوَضْع الاِقْتِصادي.
SYRIAN	حَلَّل الرِّئِيس الْوَضْع الاِقْتِصادي.
IRAQI	الرَّئِيس حَلَّل الوَضْع الاِقْتِصادي.
QATARI	الرَّئِيس حَلَّل الوَضْع الاِقْتِصادي.
BAHRAINI	الرَّئِيس حَلَّل الوَضْع الاِقْتِصادي.
SAUDI	حَلَّل الرَّئِيس اَلْوَضْع الاِقْتِصادي.
YEMENI	قَدْ حَلَّل الرَّئِيس الْوَضْع الاِقْتِصادي.

Compared to the sentence on page 3, there is very little variation in this sentence. In fact, all of the words are shared among the dialects and MSA. This is no coincidence. Dialects have not developed unique vocabulary for topics non-essential to everyday communication, such as politics, economics, and academics. These are normally the domain of MSA, the official, written language shared by all Arabs. MSA is exclusively used in the news media, official documents (contracts, laws), and academic texts. That does not mean that two Arabs casually arguing about politics at the local coffee house have to switch to MSA to discuss the topic at hand. Instead, they will insert MSA vocabulary into their regular, everyday speech as needed, while maintaining the accent, pronunciation, and grammatical idiosyncrasies of their dialect. They are, in fact, still speaking their dialect but with MSA words sprinkled in when needed.

We've established that high-frequency, everyday vocabulary tends to vary from dialect to dialect more so than formal vocabulary, but not all everyday vocabulary is unique. Take a look at the following table.

Common Nouns

Animals

	🎧 4 cat	🎧 5 dog	🎧 6 horse
MSA	قِطّ	كَلْب	حِصان
MOROCCAN	قَط / مُش	كَلْب	حِصان / عَوْد
ALGERIAN	قَطّ	كَلْب	حُصان
TUNISIAN	قَطّوس	كَلْب	حُصان
SUDANESE	كَديسَة	كَلْب	حُصان
EGYPTIAN	قُطّة	كَلْب	حُصان
PALESTINIAN	بِسَّة	كَلِب	حُصان
JORDANIAN	بِسَّة	كَلْب	حُصان
LEBANESE	بْسَيْن	كَلْب	حُصان
SYRIAN	بْسَيْنِة / بِسَّة / قِطَّة	كَلْب	خَيْل / حْصيْن / حْصان
IRAQI	بَزّون	كَلْب / چَلْب	حْصان
QATARI	قُطو / قُطْوَة	چَلْب	حُصان
BAHRAINI	قُطو / قُطْوَة / سَنّور	چَلْب	حُصان
SAUDI	بِس / بِسَّة	كَلْب	حُصان
YEMENI	دِمْ / عُرّي	كَلْب	حُصان

There are quite a few ways to say *cat*, but the words for *dog* and *horse* are much more uniform, with only slight differences in pronunciation. (Notice the letter چ in the Iraqi, Qatari, and Bahraini words for *dog*. As dialects are rarely written, this letter isn't regularly used by locals, but in this book, it is used to demonstrate the pronunciation [tʃ] (as in the English *child*) See p. viii).

The next several pages continue with common nouns. As you go through the lists, you'll start to develop a better understanding of just how similar and different the dialects are, both in terms of vocabulary and pronunciation.

Clothing, etc.

	🎧 7 shoes	🎧 8 shirt	🎧 9 hat	🎧 10 bag
MSA	حِذاء	قَميص	قُبَّعَة	حَقيبَة
MOROCCAN	صَبّاط / سْبَرْديلَة	قَميجَة	كاسْكات / طَرْبوش	شانْطَة / شْكارَة
ALGERIAN	صَبّاط	تْريكوْ	شاپوْ / كاسْكيطَة	حْقيبَة
TUNISIAN	صَبّاط	مَرْيول	طَرْبوشَة / شاپوْ كاسْكات	ساك
SUDANESE	جَزْمَة	قَميص	طاقِيَّة	شَنْطَة
EGYPTIAN	جَزْمَة	قَميص	طاقِيَّة	شَنْطَة
PALESTINIAN	جَزْمَة	قَميص	طاقِيَّة	شَنْطَة
JORDANIAN	كُنْدْرَة	بْلوزَة / قْميص	طَقِيَّة	شَنْتة
LEBANESE	صَبّاط	قَميص	بَرْنَيْطَة	شَنْطَة
SYRIAN	كِنْدْرَة / صَبّاط	قَميص	برْنَيْطَة	شَنْطَة
IRAQI	حِذاء	قَميص	شَفْقَة	جَنْطَة
QATARI	جوتي	قَميص	جَحْفِيَّة / طاقِيَّة	جَنْطَة
BAHRAINI	جوتي	قَميص / فانيلَة	فْحْفِيَّة / كَبّوس	شَنْطَة
SAUDI	جَزْمَة	قَميص	قُبَّعَة	شَنْطَة
YEMENI	جَزْمَة	شَميز	كوفِيَة	شَنْطَة

Did you notice any words that look similar to European words?

صَبّاط is similar to the Spanish word *zapato*, but etymologists disagree on whether there is really a connection. The same goes for قميص, which looks like the Spanish *camisa*.

However, شميز, تْريكوْ, and بْلوزَة are clearly taken from the French *chemise, tricot,* and *blouse,* respectively. Interestingly, بْلوزَة is used for a man or woman's shirt in Jordanian Arabic. Tricot (*sweater* in French) simply means *shirt* in Algerian Arabic. Other French words on the list: *chapeau, casquette, sac.*

Also note that the word for *hat* may be interpreted by our friends from some countries as their local traditional headwear, which we may not consider to be *hat* in English.

Furniture

	🎧 11 table	🎧 12 chair	🎧 13 bed
MSA	طاوِلَة	كُرْسِيّ	سَرير
MOROCCAN	طَبْلَة	كُرْسِي	ناموسِيَّة
ALGERIAN	طَبْلَة	كُرْسِي	پاياص
TUNISIAN	طاوْلَة	كُرْسِي	فَرْش
SUDANESE	طَرَبيزَة	كُرْسِي	سَرير
EGYPTIAN	تَرابيزَة	كُرْسِي	سرير
PALESTINIAN	طاوْلَة	كُرْسِي	تَخِت
JORDANIAN	طاوْلِة	كُرْسِي	تَخِت
LEBANESE	طاوْلِة	كِرْسِي	تَخِت
SYRIAN	طَرابيزَة	كِرْسِي	تَخِت
IRAQI	طَبْلَة	كُرْسِي	چُرْبايَة قَرْيولَة
QATARI	طاوْلَة	كِرْسِي	سْرير
BAHRAINI	طاوْلَة ميْز	كُرْسِي	سَرير تَخْت
SAUDI	طاوْلَة	كُرْسِي	سَرير
YEMENI	ماسِة	كُرْسِي	سَرير

The Moroccan word ناموسِيَّة would be understood as *mosquito net* to Arabs from other countries.

Housing and Transportation

	🎧 14 house	🎧 15 car	🎧 16 bicycle
MSA	مَنْزِل بَيْت	سَيَّارَة	دَرَّاجَة
MOROCCAN	دار	طوْموْبيل	بيكالا
ALGERIAN	دار	كَرّوْسَة	فِيلو
TUNISIAN	دار	كَرْهْبَة	بِسْكْلات
SUDANESE	بيْت	عَرَبيَّة	عَجَلَة
EGYPTIAN	بيْت	عَرَبيَّة	عَجَلَة
PALESTINIAN	دار	سَيَّارَة	بَسْكَليْت
JORDANIAN	بيْت	سَيَّارَة	بَسْكَليْت
LEBANESE	بيْت	سَيَّارَة	بِسْكْليت
SYRIAN	بَيْت	سِيَّارَة	بِسْكْليتة
IRAQI	بْيْت	سَيَّارَة	دَرَّاجِة
QATARI	بيْت دار	سِيَّارَة موتر	سيْكَل
BAHRAINI	بيْت	سَيَّارَة	سيْكَل
SAUDI	بيْت	سَيَّارَة	دَرَّاجَة
YEMENI	بَيْت	سَيَّارَة	سَيْكَل

Find the words borrowed from these European words: *automobile, motor, vélo, bicyclette, cycle*.

Food

	🎧 17 tomato(es)	🎧 18 orange(s)	🎧 19 chicken	🎧 20 bread
MSA	طَماطِم	بُرْتُقال	دَجاج	خُبْز
MOROCCAN	مَطيْشَة	ليمون	دْجاج	خُبْز
ALGERIAN	طوْماعْطيش	تْشينَة	دْجاجَة	خِبْز
TUNISIAN	طْماطِم	بُرْقْدان	دْجاج	خُبْز
SUDANESE	طَماطِمُ	بُرْتْكان	جداد	عيْش / رَغيف
EGYPTIAN	قوطَة	بُرْتُقال / بُرْتْقان	فِراخ	عيْش
PALESTINIAN	بَنْدوْرَة	بُرْتْقان	جاج	خُبِز
JORDANIAN	بَنْدوْرَة	بُرْتْقال	جاج	خُبِز
LEBANESE	بَنْدورَة	لَيْمون	دْجاج	خِبْز
SYRIAN	بَنْدورَة	بُرْتْقان	إدْجاج / فَرّوج	خُبْز
IRAQI	طَماطة	بُرْتْقال	دِجاج	خُبْز
QATARI	طْماط	بُرْتْقال	دِياي / دِجاج	خُبْز
BAHRAINI	طُماط / طُماطَة	بُرْتْقال	دِياي	خُبْز
SAUDI	طَماطِم	بُرْتُقَان	دُجاج	عيْش
YEMENI	طَماط / طَماطيس	بُرْتْقال	دِجاج	خُبْز

بَنْدوْرَة is borrowed from the Italian *pomodoro*. قوطة is popularly believed (among Egyptians) to have survived from Egypt's original language, Coptic. However, this is disputed as tomatoes were introduced to Egypt long after Arabic had replaced Coptic in Egypt!

The common word for *orange* is taken from the word *Portugal.* Notice that the final ل becomes ن in some dialects. Look for variations between final ن and ل in the tables on the following two pages, as well.

Interestingly, ليمون (which looks like *lemon*) is *orange* in Moroccan and Lebanese (but not other Levantine dialects).

عيْش is related to a standard Arabic word for *life,* as bread is an important staple.

Drinks

	🎧 21 water	🎧 22 milk	🎧 23 cup
MSA	ماء	حَليب	فِنْجان
MOROCCAN	ماء	حْليب	كاس
ALGERIAN	ماء	حْليب	فِنْجان
TUNISIAN	ماء	حْليب	فِنْجان
SUDANESE	موْيَة	لَبَن	فُنْجان
EGYPTIAN	مَيَّة	لَبَن	فِنْجال
PALESTINIAN	مَيَّة	حَليب	فِنْجان
JORDANIAN	مَي	حَليب	فِنْجان
LEBANESE	مَي	حَليب	فِنْجان
SYRIAN	مَي	حَليب	فِنْجان كوب
IRAQI	مَيّ ماي	حَليب	فِنْجان فِنْيان
QATARI	ماي	حَليب	فِنْجان
BAHRAINI	ماي	حَليب	فِنْيال
SAUDI	مُوَّيَة	حَليب	فِنْجان
YEMENI	مَاء	حَليب	قَلَص

Combine the word for *cup* with *milk* or *water* to express *a cup of milk/water*. The grammatical construction is identical in all dialects, with the container (measuring word) simply preceding the substance. In Egyptian, for example, *a cup of milk* would be: فِنْجال لَبَن.

Egyptian: also فِنْجان

Publications

	🎧 24 book	🎧 25 newspaper	🎧 26 magazine
MSA	كِتاب	جَريدَة	مَجَلَّة
MOROCCAN	كْتاب	جوْرْنال	مَجَلَّة
ALGERIAN	كْتاب	جُرْنان	مَجَلَّة
TUNISIAN	كْتاب	جَريدَة	مَجَلَّة
SUDANESE	كِتاب	جَريدَة	مَجَلَّة
EGYPTIAN	كِتاب	جُرْنال	مَجَلَّة
PALESTINIAN	كْتاب	جَريدَة	مَجَلَّة
JORDANIAN	كْتاب	جَريدَة	مَجَلَّة
LEBANESE	كْتاب	جَريدِة	مَجَلَّة
SYRIAN	كْتاب	جَريدِة	مَجَلَّة
IRAQI	كِتاب	جَريدِة	مَجَلَّة
QATARI	كْتاب	جَريدِة	مَجَلَّة
BAHRAINI	كْتاب	جَريدَة	مَجَلَّة
SAUDI	كِتاب	جَريدَة	مَجَلَّة
YEMENI	كِتاب	جَريدِة	مَجَلَّة

Egyptian: also جُرْنان

Technology

	🎧 27 television	🎧 28 telephone	🎧 29 cell phone	🎧 30 computer
MSA	تِلْفاز	هاتِف	هاتِف جَوّال هاتِف مَحْمول	حاسوب
MOROCCAN	تِلِفجِن تِلْفازَة تِلْفاز	تيليفون	تيليفون	پاسّا
ALGERIAN	لا تيْلي	تِليفوْن	پوْرْتابْل	ميكْرُوْ پيسي
TUNISIAN	تَلْفْزَة	تَليفون	پورْتابْل	أورْديناتور
SUDANESE	تِلْفِزْيوْن	تِلِفوْن	تِلِفوْن موباىْل	حاسوب كُمْبيوتَر
EGYPTIAN	تِلْفِزْيوْن	تِليفوْن	موْباىْل	كومْبْيوتر
PALESTINIAN	تِلْفِزْيوْن	تَليفون	جَوّال	كَمْبْيوتَر
JORDANIAN	تِلْفِزْيوْن	تِلِفوْن	تِلِفوْن	كَمْبْيوتِر
LEBANESE	تَلْفِزْيون	تَليفون	سيلولار	كُمْبْيوتَر
SYRIAN	تِلْفِزْيوْن	تِلِفوْن	موباىْل	كَمْبْيوتَر
IRAQI	تِلْفِزْيوْن	تِلِفوْن	موباىْل	حاسِبَة
QATARI	تِلْفِزْيوْن	تِلِفوْن	جَوّال	كَمْبْيوتَر
BAHRAINI	تِلْفِزْيوْن	تِلْفوْن	موْباىْل	كَمْبْيوتَر
SAUDI	تِلْفِزْيوْن	تَلِفوْن	جَوّال	كُمْبْيوتَر
YEMENI	تِلْفِزْيوْن	تَلَفوْن	سَيّار	كُمْبْيوتَر

The names for modern innovations are very often borrowed from English or French. Notice that both Moroccan and Algerian use *P.C.*, but the former with the French pronunciation *pé cé* and the latter with the English *pee cee*.

Algerian: from French *la télé*

Social Expressions

Greetings

	🎧 31 Good morning!	🎧 32 Hello!	🎧 33 Goodbye!
MSA	صَباحُ الخَيْرِ	مَرْحَبًا	إلَى اللِقاءِ / وَداعًا مَعَ السَّلامَةِ
MOROCCAN	صْباح الِخير	السَّلام	بِالسْلامَة
ALGERIAN	صْباح الْخير	سَلام عْليكُم	باي / مَعَ السَّلامَة
TUNISIAN	صباع خير	عالسُّلامَة	بالسّلامَة / باي باي باي / في لَامَان
SUDANESE	صَباح اَلْخير	اَلسَّلامُ عَلَيكُم	مَعَ السَّلامَة
EGYPTIAN	صَباح الِخْيْر	أَهْلاً	سَلام / مَعَ سَلامَة
PALESTINIAN	صَباح الِخير	مَرْحَبا	سَلام
JORDANIAN	صَباح الِخير	مَرْحَبا	مَعَ السَّلامَة
LEBANESE	صَباح الِخير	مَرْحَبا	باي / مَعَ السَّلامِة
SYRIAN	يِسْعِد صَباحَك	مَرْحَبا	الله مَعَك / مَعَ السَّلامَةِ نْشوفَك بْخير
IRAQI	صَباح الْخير	مَرْحَبا	باي باي / ثيمالًا مَعَ السِّلامَةِ
QATARI	صَباح الْخير	هَلاَ	مَعَ السَّلامَة
BAHRAINI	صَباح الْخير	سَلام عْليكُم / مَرْحَبا	مَعَ السَّلامَة
SAUDI	صَباح الْخير	مَرْحَبا	هَيّا / مَعَ السَّلامَة
YEMENI	صَباح اَلْخير	أَهْلاً	مَعَ السَّلامَة

Our friends have provided us with one or more common words or expressions, as they translated from MSA and English into their native dialects. This does not necessarily mean that any given word or expression is absent in other dialects, even when it is not mentioned. For example, Almani gives one expression (يِسْعِد صَباحَك) for *good morning,* but صَباح الْخير is also quite common in Syria.

How Are You?

	🎧 34 How are you?	🎧 35 (I'm) fine.
MSA	كَيْفَ حالُكَ؟	أنا بِخَيْرٍ.
MOROCCAN	لَباس عْليك؟	أنا بِخَيْرْ.
ALGERIAN	كيفاش راك؟	أني بْخيرْ.
TUNISIAN	شْنَحْوالِك؟ شْنِيَّه احْوالِك؟ ساڤا؟	لاباس. ساڤا.
SUDANESE	كَيْف حالَك؟	أنا كُوَيِّس.
EGYPTIAN	اِزَّيَّك؟ عامِل أيْه؟	أنا كُوَيِّس.
PALESTINIAN	كَيْف حالَك	أَنا مْنيح.
JORDANIAN	كيف حالَك؟	أَنا مْنيح.
LEBANESE	كيفَك؟	أَنا مْنيح.
SYRIAN	كَيْفَك؟	حَمْدِ لله مْنِشْكُر الله حَمْدِ لله بْخَيْر.
IRAQI	شْلوْنَك؟	آني بْخيْر.
QATARI	شَخْبارَك؟ / شْلوْنِك؟	بْخيْر.
BAHRAINI	شْلوْنَك؟	زيْن.
SAUDI	كَيْف حالَك؟	أَنا بْخَيْرْ.
YEMENI	كَيْف حالَك؟	أَنا بِخَيْرْ.

Our friends, regardless of gender, are giving the masculine singular forms (for consistency). When asking a woman *How are you?*, you will need to change the personal pronoun suffix to the feminine form (See p. 45*). And, of course, when an adjective is used in the response *I'm fine*, a woman will add the feminine suffix ة: زينة، مْنيحة، كُوَيِّسَة.

* *Note that the examples on p. 45 are using the suffix as possessive, but the possessive suffix 'your' and the direct object 'you' is the same in Arabic.*

Introductions

	🎧 36 What is your name?	🎧 37 My name is...	🎧 38 It's nice to meet you.
MSA	ما اِسْمَك؟	اِسْمي...	أنا سَعيد بِالتَّعَرُّف عَلَيْك. تشَرَّفْنا.
MOROCCAN	أَشْنو سْميتِك؟	سْميتي...	مِتْشَرّفين.
ALGERIAN	واسْمِك؟	أَسْمي...	تْشَرَّفْنا.
TUNISIAN	شِسْمِك؟ شْنوّا إِسْمِك؟	إِسْمي...	نِتْشَرّفوا.
SUDANESE	إِسْمَك مِنو؟	إِسْمى...	تشَرَّفْنا.
EGYPTIAN	إِسْمَك ايه؟	إِسْمي...	دَه إحْنا لينا الشَّرف. فُرْصَة سَعيدَة.
PALESTINIAN	شو إِسْمَك؟ أيْش إِسْمَك؟	إِسْمي...	تْشَرَّفْت بمَعْرِفْتَك.
JORDANIAN	شو إِسْمَك؟	إِسْمي...	تْشَرَّفْنا.
LEBANESE	شو إِسْمَك؟	إِسْمي...	تْشَرَّفْنا.
SYRIAN	شو إِسْمَك؟	إِسْمي...	اِتْشَرَّفْنا بمَعْرِفْتَك.
IRAQI	شِسْمَك؟	إِسْمي...	آني سَعيد لأَن تْعَرَّفِت عَليك. تْشَرَّفِت.
QATARI	شِسْمِك؟	إِسْمي...	تْشَرَّفْنا.
BAHRAINI	شِسْمِك؟	إِسْمي...	تْشَرَّفْنا. يا هَلا.
SAUDI	أيْش إِسْمَك؟	إِسْمي...	تْشَرَّفْنا.
YEMENI	مِسْمَك؟	إِسْمي...	فُرْصَة سَعيدَة.

In MSA, اِسْم begins with a *hamzat al-wasl* (a vowel which elides when precedes by another vowel). Strictly speaking, ما اسْمُك؟ should be pronounced /masmuk/. However, as you can hear in Heba's MSA audio, most Arabs pronounce the word as if it began with a regular *hamza*, separating it from the preceding vowel, even when speaking MSA.

See p. 97 for ways to say *what*.

Common Courtesies

	🎧 39 please	🎧 40 thank you
MSA	مِنْ فَضْلَك	شُكْراً
MOROCCAN	عافاك مِن فَضْلَك	شُكْراً
ALGERIAN	مِن فَضْلَك	صَحًّا / شُكْراً
TUNISIAN	عَيْشِك يْعَيْشِك	مَغْسِي / مَرْسِي عْلِيك / شُكْراً بارَك اللهُ فيك / عَيْشِك / يْعَيْشِك
SUDANESE	لَوْ سَمَحْت	شُكْراً
EGYPTIAN	مِن فَضْلَك	شُكْراً
PALESTINIAN	لَوْ سَمَحْت	شُكْراً
JORDANIAN	لَوْ سَمَحْت	شُكْراً
LEBANESE	مِن بَعْد إذْنَك	شُكْراً
SYRIAN	بَعْد إذْنَك	بِسلَمُو
IRAQI	مِن رُخِّصْتَك	شُكْراً
QATARI	بَعْد إذْنِك	شُكْراً تِسْلَم
BAHRAINI	لَوْ سَمَحْت ما عَلِيك أَمْر	شُكْراً
SAUDI	إذا سَمَحْت	شُكْراً
YEMENI	لَوْ سَمَحْت مِن فَضْلَك	إِسْلَم شُكْراً

Again, keep in mind that these are examples of common expressions that came to our friends' minds when translating into their native dialects. There are likely more ways to say *please* and *thank you* in each dialect, including some mentioned for other dialects. For example, Amani gives بِسلَمُو for *thank you,* but the universal شُكْراً is also common.

Number

People

	🎧 41 people	🎧 42 man (men)	🎧 43 woman (women)
MSA	ناس	رَجُل (رِجال)	اِمْرَأة (نِساء / نِسْوَة)
MOROCCAN	ناس	راجِل (رْجال)	امْرَأة (عيالات / نِساء)
ALGERIAN	ناس	راجِل (رْجال)	مْرا (نْساء / نِسْوَة)
TUNISIAN	ناسْ / عْباد	راجِل (رْجال)	مْرا (نْساء)
SUDANESE	ناس	راجِل (رُجال)	مَرا (نِسْوان / نَساوين)
EGYPTIAN	ناس	راجِل (رِجالة)	سِتّ (سِتّات)
PALESTINIAN	ناس	زَلَمَة (زْلام)	مَرَة (نِسْوان)
JORDANIAN	ناس	زَلَمَة (زْلام)	مَرَة (نِسْوان)
LEBANESE	ناس / أَشْخاص	رِجّال (رْجال)	مَرَة (نِسْوان)
SYRIAN	ناس	رِجّال (رْجال)	مَرَة (نِسْوان)
IRAQI	ناس	رَجّال (رَياجيل)	مَرَة (نِسْوان)
QATARI	ناس عالَم	رَيّال (رَيابيل) رِجّال (رَجاجيل)	حُرْمَة (حَريم)
BAHRAINI	ناس	رَيّال (رَيابيل)	مَرَة (نِسْوان)
SAUDI	ناس	رِجّال (رِجال)	حُرْمَة (حَريم)
YEMENI	ناس	رَجّال (رِجال)	مَرَة (نِسْوان)

Here we have our first example of plural nouns, shown in parentheses. The system of forming plurals is universal: Plural nouns are *regularly* formed by adding ات for non-human nouns, as well as female humans, and ين for male humans*. However, a large percentage of words have irregular plurals formed by changing the internal patterns in the word or with completely unrelated plural forms, as in some of the examples above.

* In MSA, the masculine plural actually has two forms: ون and ين, depending on whether the noun is in the nominative, accusative, or genitive case. Cases are absent in the dialects.

	🎧 44 boy (boys)	🎧 45 girl (girls)
MSA	صَبِّي (صِبْيان) وَلَد (أَوْلاد)	فَتاة (فَتَيات) بِنْت (بَنات)
MOROCCAN	وِلْد (وْلاد) دِرِّي (دْراري)	بِنْت (بْنات)
ALGERIAN	وِلْد (وْلاد)	بْنْت (بْنات)
TUNISIAN	طُفُل / وَلَدْ (وْلاد)	طُفْلة / بْنَيَّة (بْنات)
SUDANESE	وَلَد (أَوْلاد)	بِنْت (بَنات)
EGYPTIAN	وَلَد (أَوْلاد / ولاد)	بِنْت (بَنات)
PALESTINIAN	وَلَد (وْلاد)	بِنْت (بَنات)
JORDANIAN	وَلَد (وْلاد)	بِنْت (بَنات)
LEBANESE	صَبي (صُبْيان) وَلَد (وْلاد)	بِنْت (بَنات)
SYRIAN	وَلَد (وْلاد) صَبي (صِبْيان)	بِنْت (بَنات)
IRAQI	وَلَد (أَوْلاد) جاهِل (جهّال)	بْنَيَّة (بَنات)
QATARI	ياهِل (يْهال)	بْنَيَّة (بَنات)
BAHRAINI	صَبْيْ (صْبَيّان)	بِنْت / بْنَيَّة (بَنات)
SAUDI	وَلَد (أَوْلاد)	بِنْت (بَنات)
YEMENI	وَلْد / جاهِل (جَهّال)	بِنْت (بَنات)

19 | Arabic vs. Arabic: A Dialect Sampler

Quantity

🎧 46
money

MSA	نُقود / مال	EGYPTIAN	فِلوس	IRAQI	فْلوس
MOROCCAN	فْلوس	PALESTINIAN	مَصاري	QATARI	فْلوس
ALGERIAN	دْراهِم	JORDANIAN	مَصاري	BAHRAINI	فْلوس / بيْزات
TUNISIAN	فْلوس	LEBANESE	مَصاري	SAUDI	فِلوس
SUDANESE	قُروش	SYRIAN	مَصاري	YEMENI	زَلَط / فُلوس

The words for *money* have interesting histories. Some began as the name of local currencies and units of weight, later evolving to mean *money* in general. فلوس and دْراهِم are the plurals of فلْس and دِرْهَم, respectively, subdivisions of currency still used in some Arab countries. مَصاري has its roots in the word مَصْري (*Egyptian*).

	🎧 47 a little money	🎧 48 a lot of money
MSA	اَلْقَليلُ مِنَ المالِ / النُّقودِ	اَلْكَثيرُ مِنَ المالِ / النُّقودِ
MOROCCAN	شْوِيَّة دَ الفْلوس	بِزّاف دَ الفْلوس
ALGERIAN	شْوِيّا دْراهِم	بِزّاف دْراهِم
TUNISIAN	شْوَيَّه فْلوس	بَرْشا فْلوس
SUDANESE	قُروش بَسيطَة	قُروش كَتيرَة
EGYPTIAN	شْوَيَّة فِلوس	فِلوس كِتير
PALESTINIAN	شْوَيَّة مَصاري	مَصاري كْتير
JORDANIAN	شْوَيَّة مَصاري	كْتير مَصاري
LEBANESE	شْوَيَّة مَصاري	مَصاري كْتير
SYRIAN	شْوَيَّة مِصْرِيّات	مَصاري / مال كْتير
IRAQI	فْلوس قَليلَة	فْلوس هْوايَّة
QATARI	شْوَيّ فْلوس	فْلوس وايِد
BAHRAINI	شْوَيَّة فْلوس / بيْزات	فْلوس / بيْزات وايِد
SAUDI	شْوَيَّة فِلوس	فِلوس كْثيرَة

	a few people 🎧 49	a lot of people 🎧 50
YEMENI	زَلَط قَليل / شْوَيّة زَلَط	زَلَط خَيْرات
MSA	عَدَدٌ قَليلٌ مِنَ النَّاسِ	اَلْكَثيرُ مِنَ النَّاسِ
MOROCCAN	ناس قْلال	بِزّاف دَ النّاس
ALGERIAN	شْوِيّا ناس	بِزّاف ناس
TUNISIAN	شْوَيّة عْباد	بَرْشا عْباد بَرْشا ناس
SUDANESE	ناس بَسيطَة	ناس كَتيرة
EGYPTIAN	شْوَيّة ناس	ناس كِتير
PALESTINIAN	شْوَيّة ناس	ناس كْتير
JORDANIAN	شْوَيّة ناس	كْتير ناس
LEBANESE	شْوَيّة مْن النّاس شْوَيّة عالَم	كْتير مْن النّاس عالَم كْتير
SYRIAN	بَعْض النّاس شْوَيّة ناس	ناس كْتيرين كْتير مِن النّاس
IRAQI	ناس قَليلين	ناس هْوايّة
QATARI	شْوَيّ ناس	ناس وايِد عالَم
BAHRAINI	مو وايِد ناس شْوَيّة ناس	ناس وايِد
SAUDI	ناس قَليل	ناس كَتير
YEMENI	شْوَيّة ناس قَليل ناس	ناس خَيْرات

This table and the one on the previous page demonstrate the ways to express non-specific quantities or amounts. Notice that some terms precede the nouns they qualify, while some follow.

Numbers

	🎧 51 0	🎧 52 1	🎧 53 2	🎧 54 3	🎧 55 4
MSA	صِفْر	واحِد	اِثْنان	ثَلاثَة	أَرْبَعَة
MOROCCAN	صِفْر	واحِد	جوج	تْلاتَة	أَرْبَعَة
ALGERIAN	زِيْرُو	واحِد	ثْنين / زوج	تْلاتَة	أَرْبَعَة
TUNISIAN	صُفْر	واحِد	ثْنين / زوز	تْلاتَة	أَرْبَعَة
SUDANESE	صِفِر	واحِد	اِتْنينْ	تَلاتَة	أَرْبَعَة
EGYPTIAN	صِفْر	واحِد	اِتْنينْ	تَلاتَة	أَرْبَعَة
PALESTINIAN	صِفِر	واحَد	تْنينْ	تْلاتَة	أَرْبَعَة
JORDANIAN	صِفِر	واحَد	ثْنينْ	ثَلاث	أَرْبَعَة
LEBANESE	صِفِر	واحَد	تْنينْ	تْلاتِة	أَرْبَعِة
SYRIAN	صِفِر	واحَد	تْنينْ	تْلاتِة	أَرْبَعِة
IRAQI	صُفُر	واحِد	ثْنينْ	إِتْلاثَة	أَرْبَعَة
QATARI	صِفْر	واحِد	اِثْنينْ	ثَلاثَة	أَرْبَعَة
BAHRAINI	صُفْر	واحِد	اِثْنينْ	ثَلاثَة	أَرْبَعَة
SAUDI	صِفْر	واحِد	اِتْنينْ	ثَلاثَة	أَرْبَعَة
YEMENI	صُفْر	واحِد	اِثْنينْ	ثَلاثَة	أَرْبَعَة

The following questions are designed to help you develop an eye for comparing forms in the tables. *Answers can be found on p. 25.*

1. Which dialect has borrowed the French word for *zero?*
2. Which three dialects have unique words for *two?*
3. Which vowel is found in the second syllable of the word for *one* in the Levantine dialects?
4. Look at the numbers for *three* and *four* in Lebanese and Syrian. What do you notice about the final vowel in these words?
5. Notice that the MSA words for *two* and *three* contain ث. Among the dialects, is ث retained or does it become ت?

Ask yourself similar questions when studying the tables throughout this book.

	🎧 56 5	🎧 57 6	🎧 58 7	🎧 59 8	🎧 60 9
MSA	خَمْسَة	سِتَّة	سَبْعَة	ثَمَانِيَة	تِسْعَة
MOROCCAN	خَمْسَة	سِتَّة	سَبْعَة	ثْمَنِيَة	تِسْعوْد
ALGERIAN	خَمْسَة	سِتَّة	سَبْعَة	ثْمَنِيَة	تِسْعَة
TUNISIAN	خَمْسَة	سِتَّة	سَبْعَة	ثْمَنِيَة	تِسْعَة
SUDANESE	خَمْسَة	سِتَّة	سَبْعَة	تَمَانِيَّة	تِسْعَة
EGYPTIAN	خَمْسَة	سِتَّة	سَبْعَة	تَمَانْيَة	تِسْعَة
PALESTINIAN	خَمْسَة	سِتَّة	سَبْعَة	تمنية	تِسْعَة
JORDANIAN	خَمْسَة	سِتَّة	سَبْعَة	ثَمَانِيَّة	تِسْعَة
LEBANESE	خَمْسَة	سِتَّة	سَبْعَة	تْمانة	تِسْعَة
SYRIAN	خَمْسَة	سِتَّة	سَبْعَة	تْمانة	تِسْعَة
IRAQI	خَمْسَة	سِتَّة	سَبْعَة	ثْمانية	تِسْعَة
QATARI	خَمْسَة	سِتَّة	سَبْعَة	ثَمَّانِيَّة	تِسْعَة
BAHRAINI	خَمْسَة	سِتَّة	سَبْعَة	ثَمَّانِيَّة	تِسْعَة
SAUDI	خَمْسَة	سِتَّة	سَبْعَة	تمنِيَة	تِسْعَة
YEMENI	خَمْسَة	سِتَّة	سَبْعَة	ثَمَانِيَة	تِسْعَة

	🎧61 10	🎧62 11	🎧63 12	🎧64 13	🎧65 14
MSA	عَشَرَة	أَحَدَ عَشَر	اِثْنا عَشَر	ثَلاثَة عَشَر	أَرْبَعَة عَشَر
MOROCCAN	عَشَرَة	حْداش	ثْناش	ثْلطّاش	أَرْبَعْطاش
ALGERIAN	عَشَرَة	حْداش	ثْناش	ثْلطّاش	أَرْبَعْطاش
TUNISIAN	عَشَرَة	حْداش	أَثْناش	ثْلطّاش	أَرْبَعْطاش
SUDANESE	عَشَرَة	حِداشَر	اِطْناشَر	تَلَطّاشَر	أَرْبَعْطاشَر
EGYPTIAN	عَشَرَة	حِداشَر	إتْناشَر	تَلَتاشَر	أَرْبَعْتاشَر
PALESTINIAN	عَشَرَة	حْدَعْش	اِطْناعْش	تَلَطّاعْش	أَرْبَعْطَعْش
JORDANIAN	عَشَرَة	حْدَعْش	اِطْناعْش	ثْلَطّاعْش	أَرْبَعْطاعْش
LEBANESE	عَشَرَة	حْداعِش	تْناعِش	تْلَطّاعِش	أَرْبَعْطاعِش
SYRIAN	عَشَرَة	حْدَعْش	تْنَعْش	تْلَتَّعْش	أَرْبَعْتَعْش
IRAQI	عَشَرَة	إحْدَعْش	أَثْنَعْش	ثْلَتَّعْش	أَرْبَعْتَعْش
QATARI	عَشَرَة	إحْدَعْش	إثْنَعْش	ثْلَتَّعْش	أَرْبَعْتَعْش
BAHRAINI	عَشَرَة	هْدَعْش إحْدَعْش	إثْنَعْش	ثْلَتَّعْش	أَرْبَعْتَعْش
SAUDI	عَشَرَة	احْداعْش	اِتْنَعْش	تَلَطّعْش	أَرْبَعْطَّعْش
YEMENI	عَشَرَة	حْدَعْش	إثْنَعْش	ثْلَتَّعْش	أَرْبَعْتَش

Notice that ط appears in many forms of 11, 12, and 13 in the table above (and numbers in the table on the next page). The dialects do not have truly velarized consonant sounds (also known as emphatic or dark consonants: ص, ض, ط, ظ) as MSA does. Instead, these letters indicate that the adjacent vowel is pronounced further back in the mouth. For example, *fatha* is commonly pronounced forward in the mouth, something close to [æ] (as in c*a*t) in English, but it is pronounced [ɑ] (as in h*o*t) when adjacent to an "emphatic consonant" or others pronounced toward the back of the mouth (ح, ع, غ). The rules for how such consonants affect vowels vary from dialect to dialect.

	🎧 66 15	🎧 67 16	🎧 68 17	🎧 69 18	🎧 70 19
MSA	خَمْسَةَ عَشَرَ	سِتَّةَ عَشَرَ	سَبْعَةَ عَشَرَ	ثَمانِيَةَ عَشَرَ	تِسْعَةَ عَشَرَ
MOROCCAN	خْمَسْطاش	سْطّاش	سْبَعْطاش	ثْمَنْطاش	تْسَعْطاش
ALGERIAN	خْمَسْطاش	سْطّاش	سْبَعْطاش	ثْمَنْطاش	تْسَعْطاش
TUNISIAN	خْمَسْطاش	سْطّاش	سْبَعْطاش	ثْمَنْطاش	تْسَعْطاش
SUDANESE	خَمَسْطاشَر	سِتُّطاشَر	سَبَعْطاشَر	تَمَنْطاشَر	تِسَعْطاشَر
EGYPTIAN	خَمَسْتاشَر	سِتّاشَر	سَبَعْتاشَر	تَمَنْتاشَر	تِسَعْتاشَر
PALESTINIAN	خَمَسْطَعْش	سِطّاعْش	سَبَعْطاعْش	تَمَنْطاعْش	تِسَعْطاعْش
JORDANIAN	خَمْسْطاعْش	سْطّاعْش	سْبَعْطاعْش	ثْمَنْطاعْش	تِسَعْطاعْش
LEBANESE	خَمْسْطاعِش	سْطّاعِش	سْبَعْطاعِش	تْمَنْطاعِش	تِسَعْطاعِش
SYRIAN	خَمِسْتَعْش	سِتَّعْش	سَبَعْتَعْش	تْمَنْتَعْش	تِسَعْتَعْش
IRAQI	خْمُسْطَعَش	سِتَّعَش	سْبَعْتَعَش	ثْمُنْطَعَش	تْسَعْطَعَش
QATARI	خَمَسْتَعْش	سِتَّعْش	سَبَعْتَعْش	تْمَنْتَعْش	تِسَعْتَعْش
BAHRAINI	خَمَسْتَعْش	سِتَّعْش	سَبَعْتَعْش	ثْمَنْتَعْش	تِسَعْتَعْش
SAUDI	خَمَسْطَعْش	سْطَعْش	سَبَعْطَعْش	تَمَنْطَعْش	تِسَعْطَعْش
YEMENI	خَمِسْتَعْش	سِتَّعْش	سَبَعْتَش	ثْمَنْتَعْش	تِسَعْتَش

Answers to the questions on p. 22:

Algerian: زِيرُو

The Maghrebi dialects: Moroccan (جوج), Algerian (زوج), Tunisian (زوز). These words are derived from the MSA word زَوْج ('pair').

fatha (◌َ), whereas in other dialects it is kasra (◌ِ).

It is kasra (◌ِ). The ة ending is commonly pronounced /-i/ in northern Levantine (that is, Lebanese and Syrian), except after certain consonants.

Some dialects have ث, while it has become ت in others. In the Maghrebi dialects, we can see that, in this particular word, the first ث has become ت while the second is retained.

	🎧 71 **20**	🎧 72 **30**	🎧 73 **40**	🎧 74 **50**	🎧 75 **60**
MSA	عِشْرونَ	ثَلاثونَ	أَرْبَعونَ	خَمْسونَ	سِتُّونَ
MOROCCAN	عِشْرين	ثْلاثين	أَرْبَعين	خَمْسين	سِتّين
ALGERIAN	عِشْرينْ	ثْلاثينْ	أَرْبَعينْ	خَمْسينْ	سِتّينْ
TUNISIAN	عِشْرين	ثْلاثين	أَرْبَعين	خَمْسين	سِتّين
SUDANESE	عِشْرين	تَلاتين	أَرْبَعين	خَمْسين	سِتّين
EGYPTIAN	عِشْرين	تَلاتين	أَرْبَعين	خَمْسين	سِتّين
PALESTINIAN	عِشْرين	تَلاتين	أَرْبَعين	خَمْسين	سِتّين
JORDANIAN	عِشْرين	ثَلاثين	أَرْبَعين	خَمْسين	سِتّين
LEBANESE	عِشْرين	تْلاتين	أَرْبَعين	خَمْسين	سِتّين
SYRIAN	عِشْرين	تْلاتين	أَرْبَعين	خَمْسين	سِتّين
IRAQI	عِشْرين	ثْلاثين	أَرْبَعين	خَمْسين	سِتّين
QATARI	عِشْرين	ثَلاثين	أَرْبَعين	خَمْسين	سِتّين
BAHRAINI	عِشْرين	ثَلاثين	أَرْبَعين	خَمْسين	سِتّين
SAUDI	عِشْرين	ثَلاثين	أَرْبَعين	خَمْسين	سِتّين
YEMENI	عِشْرين	ثَلاثين	أَرْبَعين	خَمْسين	سِتّين

The numbers 20-90 vary little between the dialects. Notice that, while MSA has two forms for each (nominative forms ending in ون and accusative/genitive forms ending in ين), the dialects do not have case declensions, and therefore only have forms ending in ين.

	🎧 76 70	🎧 77 80	🎧 78 90	🎧 79 100	🎧 80 1,000
MSA	سَبْعونَ	ثَمانونَ	تِسْعونَ	مِائَة	أَلْف
MOROCCAN	سَبْعين	ثْمانين	تِسْعين	مْيا	أَلْف
ALGERIAN	سِبْعيْن	ثْمانيْن	تِسْعيْن	مْيا	أَلْف
TUNISIAN	سَبْعين	ثْمانين	تِسْعين	مْيا	أَلْف
SUDANESE	سَبْعين	تَمانين	تِسْعين	مِيَّة	أَلْف
EGYPTIAN	سَبْعين	تمانين	تِسْعين	مِيَّة	أَلْف
PALESTINIAN	سَبْعين	تَمانين	تِسْعين	مِيَّة	أَلْف
JORDANIAN	سَبْعين	ثَمانين	تِسْعين	مِيَّة	أَلْف
LEBANESE	سَبْعين	تْمانين	تِسْعين	مِيَّة	أَلْف
SYRIAN	سَبْعين	تْمانين	تِسْعين	مِيَّة	أَلْف
IRAQI	سَبْعين	ثْمانين	تِسْعين	مِيَّة	أَلْف
QATARI	سَبْعين	ثْمانين	تِسْعين	إمْيَة	أَلْف
BAHRAINI	سَبْعين	ثْمانّين	تِسْعين	مْيَة	أَلْف
SAUDI	سَبْعين	تَمانين	تِسْعين	مِيَّة	أَلْف
YEMENI	سَبْعين	ثَمانين	تِسْعين	مِيَّة	أَلْف

🎧 81
25

MSA	خَمْسَة وَعِشْرونَ	**LEBANESE**	خَمْسَة و عِشْرين
MOROCCAN	خَمْسَة و عِشْرين	**SYRIAN**	خَمْسَة وْ عِشْرين
ALGERIAN	خَمْسَة و عِشْريْن	**IRAQI**	خَمْسَة و عِشْرين
TUNISIAN	خَمْسَة و عِشْرين	**QATARI**	خَمْسَة و عِشْرين
SUDANESE	خَمْسَة و عِشْرين	**BAHRAINI**	خَمْسَة و عِشْرين
EGYPTIAN	خَمْسَة و عِشْرين	**SAUDI**	خَمْسَة و عِشْرين
PALESTINIAN	خَمْسَة وْ عِشْرين	**YEMENI**	خَمْسَة و عِشْرين
JORDANIAN	خَمْسَة وْ عِشْرين		

Compound numbers are formed in the same way in all varieties of Arabic:

Twenty-five, for example, is expressed literally as *five-and-twenty.*

Numbers with Nouns

	🎧 82 one book	🎧 83 two books	🎧 84 three books
MSA	كِتابٌ واحِدٌ	كِتابانِ	ثَلاثَةُ كُتُبٍ
MOROCCAN	كْتاب واحِد	جوج كْتوبا	تْلاتَة دْ لِكْتوبا
ALGERIAN	كْتاب واحِد	زوج كْتوب	ثْلث كْتوْب
TUNISIAN	كْتاب واحِد	زوز كْتُب	ثْلاثَة كْتُب
SUDANESE	كِتاب واحِد	كِتابين	تَلاتَة كُتُب
EGYPTIAN	كِتاب واحِد	كِتابين	تَلات كُتُب
PALESTINIAN	كْتاب واحَد	كْتابين	تْلَت كُتُب
JORDANIAN	كْتاب واحَد	كْتابين	ثَلاث كُتُب
LEBANESE	كْتاب واحَد	كْتابين	تْلَت كُتُب
SYRIAN	كْتاب واحَد	كْتابَين	تْلَت كُتُب
IRAQI	كِتاب واحِد	كِتابين	إتْلَث كُتُب
QATARI	كْتاب واحِد	كْتابين	ثَلاث كُتُب
BAHRAINI	كْتاب واحِد	كْتابين	ثَلاثَة كُتُب
SAUDI	كِتاب واحِد	كِتابين	تَلَت كُتُب
YEMENI	كِتاب واحِد	كِتابَين	ثَلاثَة كُتُب

The numbers 3-10 are followed by a plural noun in all varieties of Arabic.

Tunisian: also كُتُبَة and أُكْتُبَة *(books)*

Instead of using the dual suffix ين, the Maghrebi dialects use a number followed by a plural noun.

Moroccan has a unique feature: دْ لِ /d li-/ is inserted between the number and noun.

The system for using numbers is complex in MSA, with rules for case and gender. Each number (between 2 and 19) has two forms—one used before masculine nouns and one before feminine nouns. In the dialects, the rules are simplified. In many dialects, there is one form for counting (that is, when not followed by a noun) the numbers 3-10 and one form used before nouns, whether masculine or feminine. Compare the forms of the numbers for *three* in the table above (with the masculine word for *book*) and the next three tables.

	🎧 85 one city	🎧 86 two cities	🎧 87 three cities
MSA	مَدينةٌ واحِدَة	مَدينَتانِ	ثَلاثُ مُدُنٍ
MOROCCAN	مْدينَة وَحْدَة	جوج مْدون	تْلاتَة دْ لِمْدُوْن
ALGERIAN	مَدينة وِحْدَة	زوج مَدينات	ثْلْث مَدينات
TUNISIAN	بْلاد وَحْدَة	زوز بُلْدان	تْلاتة بُلْدان
SUDANESE	مَدينة واحِدَة	مَدينْتيْن	تَلاتَة مُدن
EGYPTIAN	مَدينة واحْدَة	مَدينْتين	تَلات مُدن
PALESTINIAN	مَدينة وَاحْدَة	مَدينْتين	تْلَت مُدن
JORDANIAN	مَدينِة وَاحْدَة	مِدينْتين	ثَلاث مُدن
LEBANESE	مَدينِة واحْدَة	مَدينْتين	تْلَت مُدن
SYRIAN	مَدينِة واحْدَة	مَدينْتَين	تْلَت مُدن
IRAQI	مَدينة وِحْدَة	مَدينْتين	إِتْلَث مُدن
QATARI	مَدينة واحْدَة	مَدينْتين	ثَلاث مُدن
BAHRAINI	مَدينة واحْدَة	مَدينْتين	ثَلاث مُدن
SAUDI	مَدينة وَحْدَة	مَدينْتين	تَلاتَة مُدن
YEMENI	مَدينِة واحِدة	مَدينَتَيْن	ثَلاث مُدن

	🎧 88 one man	🎧 89 two men	🎧 90 three men
MSA	رَجُلٌ واحِدٍ	رَجُلانِ	ثَلاثَةُ رِجالٍ
MOROCCAN	راجِل واحِد	جوج رْجال	ثْلاتَة دَ الرْجال
ALGERIAN	راجِل واحِد	زوج رْجال	ثْلْث رْجال
TUNISIAN	راجِل واحِد	زوز رْجال	ثْلاتَة رْجال
SUDANESE	راجِل واحِد	راجْلين	تَلاتَة رُجال
EGYPTIAN	راجِل واحِد	راجْلين	تَلات رِجالَة
PALESTINIAN	رِجّال واحَد	رِجّالين	تَلْت رْجال
JORDANIAN	زَلَمَة واحِد	زَلامين	ثَلاث زْلام
LEBANESE	رِجّال واحِد	رِجّالين	تْلْت رْجال
SYRIAN	رِجّال واحِد	رِجّالَين	تْلْت رْجال
IRAQI	رِجّال واحِد	رَياجيل اِثْنين	إتْلَث رَياجيل
QATARI	رَيّال واحِد رِجّال واحِد	رَيّالين رِجّالين	ثَلاث ريابيل ثَلاث رَجاجيل
BAHRAINI	رَيّال واحِد	رَيّالين (إثْنين)	ثَلاثَة رَيابيل
SAUDI	رِجّال واحِد	رِجّالين	تَلْت رِجال
YEMENI	رَجّال واحِد	إثْنَيْن رِجال	ثلاثَة رِجال

	🎧 91 one woman	🎧 92 two women	🎧 93 three women
MSA	اِمْرَأَةٌ واحِدَة	اِمْرَأَتانِ	ثَلاثُ نِساءٍ
MOROCCAN	امْرَأَة واحِدَة	جوج عِيالات	تْلاتَة دَ العِيالات
ALGERIAN	مْرا وِحْدَة	زوج نْساء	ثْلْث نْساء
TUNISIAN	مْرا وَحْدَة	زوز نْساء	ثْلاثَة نْساء
SUDANESE	مَرا واحْدَة	مَرَتيْنْ	تَلاتَة نَساوين
EGYPTIAN	سِتّ واحْدَة	سِتِّيْنْ	تَلات سِتّات
PALESTINIAN	مَرا وِحْدَة	نَساوين تِنْتين	تْلْت نِسْوان
JORDANIAN	مَرا وَاحْدَة	مَرَتيْنْ	ثَلاث نِسْوان
LEBANESE	مَرا واحْدَة	تْنيْن نِسْويْنْ	تْلَت نِسْوان
SYRIAN	مَرا واحْدِة	تِنْتين نِسْوان	تْلْت نِسْوان
IRAQI	مَرا وِحْدِة	امْرَيْتين	إتْلْث نِسْوان
QATARI	حُرْمَة واحِدَة	حُرْمِتيْنْ	ثلاث حَريم
BAHRAINI	مَرَة وَحْدَة	مُرْتيْنْ	ثَلاث نِسْوان
SAUDI	حُرْمَة وَحْدَة	حُرْمِتَيْنْ	تَلاتَة حَريم
YEMENI	مَرَة واحِدَة	ثْتَيْنْ نِسْوان	ثَلاث نِسْوان

Pronouns

Demonstrative Pronouns

This: Masculine Singular

	🎧 94 this book	🎧 95 this boy
MSA	هَذا الكِتابُ	هَذا الصَّبيُّ هَذا الوَلَدُ
MOROCCAN	هاد الكْتاب	هاد الدِّرّي هاد الولْد
ALGERIAN	هَذا الكْتاب	هَذا الولْد
TUNISIAN	الكِتاب هاذا	هذا الطفُل الولَد هاذا
SUDANESE	اَلْكِتاب دا	اَلْوَلَد دا
EGYPTIAN	الِكتاب دَه	الْوَلَد دَه
PALESTINIAN	هادا الكْتاب	هادا الْوَلَد
JORDANIAN	هاذ الِكْتاب	هاذ الِوَلَد
LEBANESE	هَيْدا الكْتاب	هَيْدا الصَّبي هَيْدا الْوَلَد
SYRIAN	هَيْدا الكْتاب	هَيْدا الصَّبي هَيْدا الْوَلَد
IRAQI	هاذ الِكْتاب	هاذ الِجّاهِل
QATARI	هاي الكْتاب	هاي الْوَلَد
BAHRAINI	هَذا الكْتاب	هَذا الِصْبَيْ
SAUDI	هَذا الكِتاب	هَذا الْوَلَد
YEMENI	هَذا الكِتاب ذَيَّه الكِتاب	هذا الْوَلَد هذا الْجاهِل

This: Feminine Singular

	🎧 96 this school	🎧 97 this girl
MSA	هَذِهِ الْمَدْرَسَةُ	هَذِهِ الفَتاةُ هَذِهِ الْبِنْتُ
MOROCCAN	هاد الْمَدْراسَة	هاد الْبِنْت
ALGERIAN	هَذِي الِمَدْرَسَة	هَذِي الِبِنْت
TUNISIAN	الْمَدْرَسَة هاذي	الْبْنَيَّة هاذي
SUDANESE	اَلْمَدْرَسَة دي	اَلْبِنْت دي
EGYPTIAN	الْمَدْرَسَة دي	الْبِنْت دي
PALESTINIAN	هادي الْمَدْرَسَة	هادي الْبِنْت
JORDANIAN	هاي الْمَدْرَسَة	هاي الْبِنْت
LEBANESE	هَيْدي الْمَدْرَسِة	هَيْدي الْبِنْت
SYRIAN	هَيْدي الِمَدْرْسِة	هَيْدي الْبِنْت
IRAQI	هاي الْمَدْرَسَة	هايه الْبْنَيَّة
QATARI	هاي الْمَدْرَسَة	هاي الْبْنَيَّة
BAHRAINI	هَذي الْمَدْرَسَة	هَذي الْبْنَيَّة
SAUDI	هَادي الْمَدْرَسَة	هادي الْبِنْت
YEMENI	هَذي الِمَدْرْسِة تَيِّه الِمَدْرْسة	هَذي الْبِنْت تَيِّه الْبِنْت

Tunisian: also مَكْتَب = school

Demonstrative pronouns are some of the most divergent words in Arabic dialects. Each dialect has not only somewhat different forms but also different grammatical rules. Study the tables on pages 32-39 and ask yourself:

- whether a dialect has the same or different forms for masculine, feminine, and plural.
- whether it makes a difference if the noun is human or non-human.
- whether a demonstrative pronoun precedes or follows the noun it modifies.
- whether a dialect distinguishes between *this* and *that* (something closer or further away).
- whether the definite article (ال) precedes the noun modified by a demonstrative pronoun.

That: Masculine Singular

	🎧 98 that book	🎧 99 that boy
MSA	ذَلِكَ الْكِتابُ	ذَلِكَ الصَّبِيُّ ذَلِكَ الوَلَدُ
MOROCCAN	داك الكِتاب	داك الدِّرِّي داك الوَلْد
ALGERIAN	هَذاك الْكْتاب	هَذاك الِوْلْد
TUNISIAN	الكْتاب هاذاكا	الطُّفْل هاذاكا الوْلَد هاذاكا
SUDANESE	اَلْكِتاب داك	اَلْوَلَد داك
EGYPTIAN	الْكِتاب دَه	الْوَلَد دَه
PALESTINIAN	هداك الكْتاب	هَداك الْوَلَد
JORDANIAN	هاذاك الكْتاب	هَداك الْوَلَد
LEBANESE	هَيْداك الكِتاب	هَيْداك الِصَّبي هَيْداك الِوَلَد
SYRIAN	هَيْداك الكِتاب	هَيْداك الِصَّبي هَيْداك الِوَلَد
IRAQI	ذاك الْكِتاب	ذاك الِجّاهِل
QATARI	هاي الْكِتاب	هاي الوَلَد
BAHRAINI	ذاك الكْتاب	ذاك الِصْبَيْ
SAUDI	هاداك اَلْكِتاب	هاداك اَلْوَلَد
YEMENI	هَذاك الْكِتاب ذَيَّك الْكِتاب	هاذاك الْوَلَد هاذاك الْجاهِل

That: Masculine Singular

	🎧 100 that school	🎧 101 that girl
MSA	تِلْكَ الْمَدْرَسَةُ	تِلْكَ الفَتاةُ تِلْكَ البِنْتُ
MOROCCAN	ديك الْمَدْرَاسَة	ديك الْبِنْت
ALGERIAN	هَذيك الِمَدْرَسَة	هَذيك الِبِنْت
TUNISIAN	الْمَدْرَسَة هاذيكا	الْبْنَيَّة هاذيكا
SUDANESE	اَلْمَدْرَسَة ديك	اَلْبِنْت ديك
EGYPTIAN	الِمَدْرَسَة دي	الِبِنْت دي
PALESTINIAN	هَديك الْمَدْرَسَة	هَديك الْبِنْت
JORDANIAN	هَذيك الْمَدْرَسَة	هَذيك الْبِنْت
LEBANESE	هَيْديك الْمَدْرَسَة	هَيْديك الْبِنْت
SYRIAN	هَيْديك الْمَدْرَسَة	هَيْديك الْبِنْت
IRAQI	ذيج الْمَدْرَسَة	ذيج الْبْنَيَّة
QATARI	هاي الْمَدْرَسَة	هاي البْنَيَّة
BAHRAINI	هَذيك الْمَدْرَسَة	ذيك الْبْنَيَّة
SAUDI	هاديك اَلْمَدْرَسَة	هاديك اَلْبِنْت
YEMENI	هاذَك الْمَدْرَسة تَيَّك الْمَدْرَسة	هاذَكَ الْبِنْت تَيَّك الْبِنْت

These: Masculine Plural

	🎧 102 these books	🎧 103 these boys
MSA	هَذِهِ الكُتُبُ	هَؤُلاءِ الصِّبْيانُ هَؤُلاءِ الأَوْلادُ
MOROCCAN	هاد الكْتوبا	هاد الدُّراري هاد الوْلاد
ALGERIAN	هَذو الِكْتوب	هَذو الأولاد
TUNISIAN	الكُتْب هاذُمْ الكُتْب هاذوما	الأَوْلاد هاذُمْ الأَوْلاد هاذوما
SUDANESE	اَلْكُتُب ديْل	اَلْأَوْلاد ديْل
EGYPTIAN	الْكُتُب دي الْكُتُب دوْل	الِوْلاد دوْل
PALESTINIAN	هَدول الِكْتُب	هَدول الوْلاد
JORDANIAN	هَدول الِكْتُب	هَدول الوْلاد
LEBANESE	هَيْدوْل الِكْتُب	هوْل الِصِّبْيان هوْل الِوْلاد
SYRIAN	هَيْدي الِكْتُب	هَدْلون الِصِّبْيان هَدْلون الِوْلاد
IRAQI	هاي الِكْتُب	ذولَة الجُهّال
QATARI	هاي الكُتُب	هاي الأَوْلاد
BAHRAINI	هَذولَة الكُتُب	هَذولا الصِّبْيان
SAUDI	هادي الكُتُب	هادولي الأَوْلاد
YEMENI	هذي الكُتُب	هَوْلا الجُهّال

These: Feminine Plural

	🎧 104 these schools	🎧 105 these girls
MSA	هَذِهِ المَدارِسُ	هَؤُلاءِ الفَتَياتُ هَؤُلاءِ البَناتُ
MOROCCAN	هاد الْمَدارِس	هاد الْبْنات
ALGERIAN	هَذي الِمَدارِس	هَذو الِبْنات
TUNISIAN	الِمْدارِس هاذُم الِمْدارِس هاذوما	البْنات هاذوما
SUDANESE	اَلْمَدارِس ديْل	اَلْبَنات ديْل
EGYPTIAN	الِمْدارِس دي الِمْدارِس دوْل	الِبْنات دي الِبْنات دوْل
PALESTINIAN	هَدول الِمْدارِس	هَدول الِبْنات
JORDANIAN	هَدول الِمْدارِس	هَدول الِبْنات
LEBANESE	هَيْدوْل الِمْدارِس	هَيْدول الِبْنات
SYRIAN	هَيْدي الِمْدارِس	هَدْلون الِبْنات
IRAQI	هايْه الِمْدارِس	ذَنِّي الْبَنات
QATARI	هاي المَدارِس	هاي البَنات
BAHRAINI	هَذولَة الْمَدارِس	هَذولَة الْبَنات
SAUDI	هَادولا الْمَدارِس	هادولي الْبَنات
YEMENI	هَوْلا الْمَدارِس	هَوْلا الْبَنات

Those: Masculine Plural

	🎧 106 those books	🎧 107 those boys
MSA	تِلْكَ الكُتُبُ	أُولَائِكَ الصِّبْيانُ أُولَائِكَ الأَوْلادُ
MOROCCAN	دوك الكْتوبا	دوك الدُّراري دوك الْولاد
ALGERIAN	هَذوك الكْتوب	هَذوك الأولاد
TUNISIAN	الكْتُب هاذوكُم	الأَوْلاد هاذوكُم
SUDANESE	اَلكْتُب ديْك	اَلأَوْلاد ديْك
EGYPTIAN	الكْتُب دي الْكُتُب دوْل	الْوِلاد دوْل
PALESTINIAN	هَدولاك الكُتُب	هَدولاك الوْلاد
JORDANIAN	هَدول الكُتُب	هَدولاك الوْلاد
LEBANESE	هوليك الكُتُب	هوليك الصِّبْيان هوليك الْوْلاد
SYRIAN	هَدِنْك الكُتُب هَدْلِنْك الكُتُب	هَدْلِنْك الصِّبْيان هَدْلِنْك الْوْلاد هَدوليك الصِّبْيان هَدْلِنْك الْوْلاد
IRAQI	ذيچ الكُتُب	ذولاك الجّهّال
QATARI	هاي الكُتُب	هاي الأَوْلاد
BAHRAINI	هَذولاك الكُتُب	هَذولاك الصِّبْيّان
SAUDI	هَاديك اَلكُتُب	هادولاك اَلأَوْلاد
YEMENI	هَوْلاك الكُتُب	هَوْلاك الْجَهّال

Those: Feminine Plural

	🎧 108 those schools	🎧 109 those girls
MSA	تِلْكَ المَدارِسُ	أُولائِكَ الفَتَياتُ أُولائِكَ البَناتُ
MOROCCAN	دوك الْمَدارِس	دوك الْبْنات
ALGERIAN	هَذيك المَدَارْس	هَذوك الْبْنات
TUNISIAN	المْدارِس هاذوكُمْ	الْبْنات هاذوكُمْ
SUDANESE	اَلْمَدارِس ديْك	اَلْبَنات ديْك
EGYPTIAN	الْمَدارِس دي الْمَدارِس دوْل	الْبَنات دي الْبَنات دوْل
PALESTINIAN	هَدولاك الْمَدارِس	هَدولاك الْبَنات
JORDANIAN	هَدول الْمَدارِس	هَدولاك الْبَنات
LEBANESE	هوليك الْمَدارِس	هوليك الْبَنات
SYRIAN	هَدْلِنْك الْمَدارِس هَدِنْك الْمَدارِس	هَدْلِنْك الْبَنات
IRAQI	ذَنّيج الْمَدارِس	ذَنّيج الْبْنات
QATARI	هاي المَدارِس	هاي البَنات
BAHRAINI	هَذولاك الْمَدارِس	هَذولاك الْبَنات
SAUDI	هادولاك اَلْمَدارِس	هادوليك اَلْبَنات
YEMENI	هاذِك الْمَدارِس هَوْلاك الْمَدارِس	هَوْلاك الْبَنات

This is...

	🎧 110 This is a book.	🎧 111 This is a car.
MSA	هَذِه كِتاب.	هَذِهِ سَيَّارَة.
MOROCCAN	هادا كْتاب.	هادي طوْموْبيل.
ALGERIAN	هَذا كْتاب.	هَذي كَرّوْسَة.
TUNISIAN	هاذي كْتاب هاذايا كْتاب.	هاذي كَرْهْبَة هاذِيّا كَرْهْبَة.
SUDANESE	دا كِتاب.	دي عَرَبِيَّة.
EGYPTIAN	دَه كِتاب.	دي عَرَبِيَّة.
PALESTINIAN	هادا كْتاب.	هادي سَيَّارَة.
JORDANIAN	هاذ الكْتاب.	هاي السِّيَّارَة.
LEBANESE	هَيْدا كْتاب.	هَيْدي سَيَّارَة.
SYRIAN	هَيْدا كْتاب.	هَيْدي سَيَّارَة.
IRAQI	هاذ كِتاب.	هاي سَيَّارَة.
QATARI	هاي كِتاب.	هاي سَيَّارَة. هاي موْتِر.
BAHRAINI	هَذا كْتاب.	هَذي سَيَّارَة.
SAUDI	هادا كِتاب.	هادي سَيَّارَة.
YEMENI	هَذا كِتاب.	هَذي سَيَّارَة. تيّه سَيَّارَة.

Here we have examples of demonstrative pronouns as subjects followed by indefinite predicates, that is, forming complete sentences. Such sentences without verbs are called *equational* or *nominal sentences*.

Notice that *is/are* is not expressed in any variety of Arabic–it is implied. (Grammar books sometimes refer to this as *the zero copula*.) *This is a book* is expressed literally as *This... book*.

For more examples of affirmative and negative equational sentences with with a zero copula, see p. 55 and p. 62.)

These are...

	🎧 112 These are books.	🎧 113 These are cars.
MSA	هَذِه كُتُب.	هَذِه سَيَّارات.
MOROCCAN	هادو كْتوبا.	هادو طوموْبيلات.
ALGERIAN	هَذي كْتوب.	هَذي كَرّوسات.
TUNISIAN	هاذُم كْتُب. هاذوما كْتُب.	هاذُم كْراهِب. هاذوما كْراهِب.
SUDANESE	دي كُتُب.	ديْل عَرَبات.
EGYPTIAN	دي كُتُب. دوْل كُتُب.	دي عَرَبيّات. دوْل عَرَبيّات.
PALESTINIAN	هَدول كُتُب.	هَدول سَيَّارات.
JORDANIAN	هدول الْكُتُب.	هَدول السَّيَّارات.
LEBANESE	هولي كُتُب.	هولي سَيَّارات.
SYRIAN	هَدْلون كِتُب.	هَدْلون سيّارات.
IRAQI	ذَنّي كُتُب.	ذَنّي سَيَّارات.
QATARI	هاي كُتُب.	هاي سِيارات. هاي مْواتِر.
BAHRAINI	هَذولَة كُتُب.	هَذولَة سَيابِير.
SAUDI	هادولا كُتُب.	هادولي سَيَّارات.
YEMENI	هَوْلا كُتُب.	هَوْلا سَيَّارات.

This is not...

	🎧 114 **This is a book.**	🎧 115 **This is not a book.**
MSA	هَذا كِتاب.	هَذا لَيْسَ كِتابًا.
MOROCCAN	هادا كْتاب.	هادا ماشي كْتاب.
ALGERIAN	هَذا كْتاب.	هَذا ماشي كْتاب.
TUNISIAN	هاذا كْتاب.	هاذا ماهوش كْتاب.
SUDANESE	دا كِتاب.	دا ما كِتاب.
EGYPTIAN	دَه كِتاب.	دَه مِش كِتاب.
PALESTINIAN	هادا كْتاب.	هادا مِش كْتاب.
JORDANIAN	هادَ كْتاب.	هادَ مِش كْتاب.
LEBANESE	هَيْدا كْتاب.	هَيْدا مِش كْتاب.
SYRIAN	هَيْدا كْتاب.	هَيْدا مو كْتاب. هَيْدا ما كْتاب. هَيْدا مانو كْتاب.
IRAQI	هاذَ كِتاب.	هاذَ مو كِتاب.
QATARI	هاي كِتاب.	هاي مُب كِتاب.
BAHRAINI	هَذا كْتاب.	هَذا مو كْتاب.
SAUDI	هادا كِتاب.	هادا مو كِتاب.
YEMENI	هَذا كِتاب.	هَذا مَشّو كِتاب.

Compare the affirmative sentences to their negative counterparts. How is *is/are not* expressed in each dialect? (For more negative examples, see p. 55 and p. 62.)

Relative Pronouns

	🎧 116 These are the men who...	🎧 117 These are the women who...
MSA	هَؤُلاءِ هُمْ الرِّجالُ الَّذينَ...	أولائكَ هُنَّ النِّسْوَةُ اللّاتي...
MOROCCAN	هادو هوما الرِّجال إلِّي...	هادوك هوما العيّالات إلِّي...
ALGERIAN	هَذو هُما الرِّجال الِلّ...	هَذوك هُما النِّساء الِلّ...
TUNISIAN	هاذوما (هوما) الرِّجال إلِّي...	هاذوما (هوما) النِّساء إلِّي...
SUDANESE	ديْل هُمّا الرِّجال أَلِّي...	ديْل هُمّا النِّسْوان أَلِّي...
EGYPTIAN	هُمّا دول الرِّجالة اِلّي...	هُمّا دول السِّتات اِلّي...
PALESTINIAN	هَدول الرِّجال اِلّي...	هَدول النِّسْوان اِلّي...
JORDANIAN	هَدول هُم الزُّلام إلِّي...	هَدولاك هُم النِّسْوان إلِّي...
LEBANESE	هولي هِنِّي الرِّجال اِلّي...	هوليك هِنِّي النِّسْوان اِلّي...
SYRIAN	هَيْدولي الرِّجال اِلّي...	هَدِنْك النِّسْوان اِلّي...
IRAQI	هَذولَة هُمَّ الرَّياجيل إلِّي...	ذَنّيج النِّسْوان هِنّ إلِّي...
QATARI	هاي الرَّيابيل إلِّي...	هاي الْحَريم إلِّي...
BAHRAINI	هَذولَة الرَّيابيل إلِّي...	هَذولاك النِّسْوان إلِّي...
SAUDI	هادولي الرِّجال إلِّي...	هادوليك اَلْحَريم إلِّي...
YEMENI	هَوْلا هُمْ الرِّجال إلِّي...	هَوْلاك النِّسْوان إلِّي...

This is only the beginning of a sentence. After the ellipses, the sentence could continue in a number of ways. MSA has several relative pronouns used depending on gender, number, and case. The dialects simply have one form used regardless of gender, number, and case. It is rather uniform among the dialects. You may also hear يَلِّي in Levantine Arabic. The ل is pronounced doubled, but some may spell this as a single ل with a perceived *shadda* (ّ), while others write ل twice, recognizing the initial ال as the definite article.

Possessive Pronouns
First-Person

	🎧 118 my house	🎧 119 our house
MSA	مَنْزِلِي	مَنْزِلُنا
MOROCCAN	داري / دار دِيالي	دارْنا / دار دِيالْنا
ALGERIAN	داري / دار تاعي	دَرْنا / دار تاعْنا
TUNISIAN	داري / الدّار مْتاعي	دارْنا / الدّار مْتاعْنا
SUDANESE	بيْتي / اَلْبيْت بِتاعي	بيْتْنا / اَلْبيْت بِتاعْنا
EGYPTIAN	بيْتي / اِلْبيْت بِتاعي	بيْتْنا / اِلْبيْت بِتاعْنا
PALESTINIAN	داري / الدّار تاعْتي	دارْنا / الدّار تاعِتْنا
JORDANIAN	بَيْتي / اِلْبيْت تَبَعي	بيْتْنا / اِلْبيْت تَبَعْنا
LEBANESE	بيْتي / اِلْبيْت تبعي	بيْتْنا / اِلْبيْت تبعْنا
SYRIAN	بَيْتي / اِلْبيْت تبعي	بيْتْنا / اِلْبيْت تبعْنا
IRAQI	بْيَتي / اِلْبْيَت مالْتي	بيْتْنا / اِلْبْيَت مالْتْنا
QATARI	بيْتي / اِلْبيْت مالي	بيْتْنا / اِلْبيْت مالْنا
BAHRAINI	بيْتي	بيْتْنا
SAUDI	بيْتي	بيْتَنا
YEMENI	بَيْتي / هَقّي الْبَيْت	بَيْتَنا / هَقّنا الْبَيْت

Most dialects have two ways of forming a possessive construction. The first is by adding a possessive pronoun suffix directly to a noun, as is done in MSA. The second (alternative way) is by using a special word that denotes possession to which a possessive pronoun suffix is attached. This word follows the noun, which takes the definite article, in *most* dialects.

Second-Person

	🎧 120 your⁽ᵐ⁾ house	🎧 121 your⁽ᶠ⁾ house	🎧 122 your⁽ᵖˡ⁾ house
MSA	مَنْزِلُكَ	مَنْزِلُكِ	مَنْزِلُكُما مَنْزِلُكُمْ مَنْزِلُكُنَّ
MOROCCAN	دارك / دار ديالِك	دارك / دار ديالْكي	داركُم / دار ديالْكُم
ALGERIAN	دارْك / دار تاعْك	دارْك / دار تاعْك	داركُم / دار تاعكُم
TUNISIAN	دارْك / الدّار مْتاعِك	دارْك / الدّار مْتاعِك	داركُم / الدّار مْتاعكُم
SUDANESE	بيتَك / البَيْت بتاعَك	بيتِك / البَيْت بتاعِك	بيتكُم / البيت بتاعْكُم
EGYPTIAN	بيتَك / البيت بتاعَك	بيتِك / البيت بتاعِك	بيتكو / البيت بتاعكو
PALESTINIAN	دارَك / الدّار تاعْتَك	دارِك / الدّار تاعْتِك	داركُم / الدّار تاعتْكُم
JORDANIAN	بيتَك / البيت تبَعَك	بيتِك / البيت تبَعِك	بيتكُم / البيت تبَعكُم
LEBANESE	بيتَك / البيت تبعَك	بيتِك / البيت تبعِك	بيتكُن / البيت تبعكُن
SYRIAN	بيتَك / البيت تبعَك	بيتِك / البيت تبعِك	بيتكُن / البيت تبعكُن
IRAQI	بيتَك / البيت مالتَك	بيتِج / البيت مالتِج	بيتكُم / البيت مالتْكُم بيتكُن / البيت مالتْجن
QATARI	بيتِك / البيت مالِك	بيتِج / البيت مالِج	بيتكُم / البيت مالكُم
BAHRAINI	بيتَك	بيتِج	بيتكُم
SAUDI	بيتَك	بيتِك	بيتكُم
YEMENI	بيتَك / هقَّك البَيْت	بيتِش / هقِّش البَيْت	بيتكُم / هقَّكُم البَيْت بيتكِن / هقَّكِن البَيْت

Most varieties of Arabic have three second-person pronouns: masculine singular, feminine singular, and plural (used for two or more people regardless of gender). MSA has a separate dual form (for two people) and both a masculine and feminine plural. Iraqi and Yemeni also have separate plural forms for two or more women. Tunisian is unique in that it only has a singular form (for one person regardless of gender).

Third-Person

	🎧 123 his house	🎧 124 her house	🎧 125 their house
MSA	مَنْزِلُهُ	مَنْزِلُها	مَنْزِلُهُما مَنْزِلُهُمْ مَنْزِلُهُنَّ
MOROCCAN	دارو / دار ديالو	دارها / دار ديالْها	دارْهُم / دار ديالْهُم
ALGERIAN	دارو / دار تاعو	دارها / دار تاحْها	دارْهُم / دار تاحْهُم
TUNISIAN	دارو / الدّار مْتاعو	دارها / الدّار مْتاعْها	دارْهُم / الدّار مْتاعْهُم
SUDANESE	بيتو / البيْت بتاعو	بيتها / البيْت بتاعْها	بيتْهُم / البيْت بتاعْهُم
EGYPTIAN	بيته / البيْت بتاعُه	بيتها / البيْت بتاعْها	بيتْهُم / البيْت بتاعْهُم
PALESTINIAN	داره / الدّار تاعتُه	دارها / الدّار تاعتْها	دارْهُم / الدّار تاعتْهُم
JORDANIAN	بيته / البيْت تَبَعُه	بيتها / البيْت تَبَعْها	بيتْهُم / البيْت تَبَعْهُم
LEBANESE	بَيْتُه / البيْت تبعُه	بيتها / البيْت تبعا	بيتْهُن / البيْت تبعُن
SYRIAN	بَيْتُه / البيْت تبعُه	بيتها / البيْت تبعها	بيتْهُن / البيْت تبعْهُن
IRAQI	بيْتَه / البيْت مالْتَه	بيتْها / البيْت مالْتْها	بيتْهُم / البيْت مالْتِهُم بيتْهِن / البيْت مالْتِهِن
QATARI	بيْتَه / البيْت مالَه	بيتها / البيْت مالْها	بيتْهُم / البيْت مالْهُم
BAHRAINI	بيْته	بيْتها	بيْتهُم
SAUDI	بيْته	بيْتها	بيْتهُم
YEMENI	بيْتَه / هَقَّه البيْت	بيْتها / هَقَّها البيْت	بيتْهُم / هَقَّهُم البيْت بيْتهِن / هَقَّهِن البيْت

As with the second person, MSA has three forms for dual/plural; Iraqi and Yemeni have two; and other dialects have one.

Family

	🎧 126 father	🎧 127 mother	🎧 128 parents
MSA	أَبّ	أُمّ	والِدانِ أَبَوانِ
MOROCCAN	أب	أمّ	والِدان
ALGERIAN	أَب	أمّ	والْدين
TUNISIAN	بو	أمّ	الْوالْدين
SUDANESE	أَبو	أمّ	والِدينْ
EGYPTIAN	أَبّ	أمّ	أَهْل
PALESTINIAN	أَبو	إمّ	أَبو وْإمّ
JORDANIAN	أَب	إمّ	أَهِل
LEBANESE	أَب	إمّ	أَهِل
SYRIAN	بَيّ	إمّ	إبَّهات
IRAQI	والِد	والْدة يوْمّ	أَهْل
QATARI	أَب	أمّ	أَهْل
BAHRAINI	أَبو	أمّ	والْدينْ
SAUDI	أَبو	أمّ	والْدينْ
YEMENI	أَب	أمّ	والِدَيْن

The alternative way of forming possessive constructions is generally not used with family members. In some dialects, أَبّ becomes أَبو before a possessive pronoun suffix is added, as in Egyptian: أبويا (*my* father).

In MSA, the final ن of the dual form (here, used in the words for *parents*) drops when a possessive pronoun suffix is added: والِدايا (*my parents*).

	🎧 129 brother	🎧 130 sister	🎧 131 son	🎧 132 daughter
MSA	أَخ	أُخْت	اِبْن	اِبْنَة / بِنْت
MOROCCAN	أخ / لِخْوادْري	أخْت	ولْد / اِبْن	بِنْت
ALGERIAN	أخ	أخْت	وْليد	بِنْت
TUNISIAN	خو	أخْت	ولْد	بِنْت
SUDANESE	أخّ	أخْت	وَلَد	بِنْت
EGYPTIAN	أخّ	أخْت	إِبْن	بِنْت
PALESTINIAN	أخو	أخْت	إِبْن	بِنْت
JORDANIAN	أخ	أخْت	إِبْن	اِبْنَة
LEBANESE	أخ	إخِت	إبن	بِنْت
SYRIAN	خَي	إخِت	إبن	بِنْت
IRAQI	أخ	إخْت	إِبْن	بِنْت
QATARI	أخ	إخِت	إِبْن / ولْد	بِنْت
BAHRAINI	أخو	خِت / إخْت	وَلْد	بِنْت
SAUDI	أخو	أخْت	وَلَد	بِنْت
YEMENI	أخ	أخْت	إِبْن / صِنْو	بِنْت

	🎧 133 grandfather	🎧 134 grandmother
MSA	جَدّ	جَدَّة
MOROCCAN	جَدّ	جَدَّة
ALGERIAN	جِدّ	جِدَّة
TUNISIAN	جَدّ	جَدَّة مَمَّاة
SUDANESE	جَدّ	جَدَّة
EGYPTIAN	جِدّ	جِدَّة
PALESTINIAN	سيد	سِتّ
JORDANIAN	جَدّ	جَدَّة
LEBANESE	جِدّ	جِدِّة
SYRIAN	جِدّ	سِتّ
IRAQI	جِدّ	بِيبي
QATARI	يَدّ جَدّ	يَدَّة جَدَّة
BAHRAINI	يَدّ	يَدَّة
SAUDI	جَدّ	جَدَّة
YEMENI	جَدّ سيد	جَدَّة

تَيْتَة (*grandma*) is also common in some dialects, such as Egyptian and Levantine.

In Qatari, some people pronounce ج as /y/, written with ي in the variants above.

	🎧 135 husband	🎧 136 her husband	🎧 137 wife	🎧 138 his wife
MSA	زَوْج	زَوْجُها	زَوْجَة	زَوْجَتُهُ
MOROCCAN	زَوْج	زَوْجْها راجِلْها	زَوْجَة	مْراتو زَوْجَة ديالو
ALGERIAN	زوج	راجِلْها	زوجَة	زوجَة تاعو
TUNISIAN	راجِل	راجِلْها	مْرا	مَرتو
SUDANESE	زَوْج	راجِلْها زَوْجْها	زَوْجَة	مَرتو زَوْجَتو
EGYPTIAN	جوْز	جوْزْها	زوْجَة	مِراتهُ
PALESTINIAN	جوْز	جوْزْها	زوجَة	مَرتُهُ
JORDANIAN	زَوْج	زَوْجْها	زَوْجَة	زَوْجتهُ
LEBANESE	زوج	زَوْجا	زَوْجَة	زَوْجتهُ مارْتهُ
SYRIAN	جَوْز	جَوْزْها	مَرا	مَرتهُ
IRAQI	زَوْج	زَوْجْها	زَوْجَة	زَوْجَتهَ
QATARI	زوْج	زوْجْها	زوْجَة	زوجَتهُ
BAHRAINI	رَيِل زوْج	رَيلْها زوْجْها	مَرة زوْجَة	مَرتهُ زوْجَتهَ
SAUDI	زوج	زوْجَها	زوْجَة	زوْجتهُ
YEMENI	زَوْج	زَوْجْها	مَرة	مَرتِهُ

Notice that some dialects use different words when a possessive pronoun suffix is added. That is, مِراة is never used to mean *a wife* in Egyptian Arabic, for example; it is always the first part of a possessive construction.

Personal Pronouns
First Person

	🎧 139 I	🎧 140 we
MSA	أنا	نَحْنُ
MOROCCAN	أنا	حْنا
ALGERIAN	أنا	حْنا حْنايا
TUNISIAN	آنا	أحْنا
SUDANESE	أنا	نِحْنا
EGYPTIAN	أنا	إحْنا
PALESTINIAN	أنا	إحْنا
JORDANIAN	أنا	إحْنا
LEBANESE	أنا	نِحْنا
SYRIAN	أنا	نِحْنا
IRAQI	آني	إحْنا
QATARI	أنا	إحْنا
BAHRAINI	آنا	إحْنا
SAUDI	أنا	إحْنا
YEMENI	أنا	نِحْنا

In all dialects, a single form is used for both genders. That is, both men and women use the same word for *I*, although a predicate adjective, of course, would match the speaker's gender.

Second Person

	🎧 141 you⁽ᵐ⁾	🎧 142 you⁽ᶠ⁾	🎧 143 you⁽ᵖˡ⁾
MSA	أَنْتَ	أَنْتِ	أَنْتُما أَنْتُمْ أَنْتُنَّ
MOROCCAN	إِنْتَ	إِنْتِ	إِنْتوما
ALGERIAN	إِنْتَ	إِنْتِ	إِنْتوما
TUNISIAN	إِنْتِ	إِنْتِ	إِنْتوما
SUDANESE	إِنْتَ	إِنْتي	إِنْتو
EGYPTIAN	إِنْتَ	إِنْتي	إِنْتو
PALESTINIAN	إِنْتَ	إِنْتِ	إِنْتو
JORDANIAN	إِنْتَ	إِنْتِ	إِنْتو
LEBANESE	إِنْتَ	إِنْتي	إِنْتو
SYRIAN	إِنْتَ	إِنْتي	إِنْتو
IRAQI	إِنْتَ	إِنْتِ	إِنْتُمْ إِنْتِنْ
QATARI	إِنْتَ	إِنْتِ	إِنْتو
BAHRAINI	إِنْتَ	إِنْتيْ	إِنْتوْ
SAUDI	إِنْتَ	إِنْتي	إِنْتو
YEMENI	أَنْتَ	أَنْتي	أَنْتُمْ أَنْتِنْ

Subject personal pronouns have three forms in most dialects, with some exceptions:

MSA has a separate dual form for the second and third persons, while the dialects define *plural* as *two or more.*

Only MSA, Iraqi, and Yemeni have separate forms for men (or mixed groups including at least one man) and women in the plural.

Tunisian only has one singular form, used for either a man or a woman. To the amusement of other Arabs, it sounds like the feminine word for *you*, as it ends with *kasra* (ِ).

Third Person

	🎧 144 he	🎧 145 she	🎧 146 they
MSA	هُوَ	هِيَ	هُمَا هُمْ هُنَّ
MOROCCAN	هُوَّ	هِيَّ	هوما
ALGERIAN	هُوَّ	هِيَّ	هوما
TUNISIAN	هُوَّ	هِيَّ	هوما
SUDANESE	هُوَّ	هِيَّ	هُمَّا
EGYPTIAN	هُوَّ	هِيَّ	هُمَّا
PALESTINIAN	هُوَّ	هِيَّ	هُمَّا
JORDANIAN	هُوَّ	هِيَّ	هُمَّا
LEBANESE	هُوِّ	هِيِّ	هِنِّ
SYRIAN	هُوِّ	هِيِّ	هِنِّ
IRAQI	هُوَّ	هِيَّ	هُمَّ هِنَّه
QATARI	هو	هي	هُم
BAHRAINI	أهْوَ	أهْيِ	أهْما
SAUDI	هُوَّ	هِيَّ	هُمَّا
YEMENI	هو	هي	هُم هِن

As all nouns in Arabic are either masculine or feminine, the words above for *he* and *she* can also translate *it* when referring to a non-human subject. The three MSA words for *they* above are only used for humans. For non-humans, هِي is used (feminine singular agreement). In the dialects, the feminine singular agreement for non-human plurals is used, but it is also common to use the plural form.

Arabic vs. Arabic: A Dialect Sampler

Here and Now

	🎧 147 here	🎧 148 there	🎧 149 now	🎧 150 then
MSA	هُنا	هُناكَ	الآنَ	في وَقْتٍ لاحِق فيما بَعْدُ
MOROCCAN	هْنا	لْهِيْه	دابا	مِن بَعْد
ALGERIAN	هُنا	غادي	ذوْك	أومْباعْد
TUNISIAN	هْنا	لْغادي غادي	تَوّا تَوْ تَوْ تَوْ	بعْديكا بَعْد مْبَعْد
SUDANESE	هِنا	هِناك	هَسّي	بعْدَيْن
EGYPTIAN	هِنا	هِناك	دِلْوَقْتي	بعْدَيْن
PALESTINIAN	هان	هِناك	هَلَّأ هَسّا هَلْقيت	بَعْدَيْن
JORDANIAN	هان هوْن	هُناك	هَلَّأ	بَعْدَيْن
LEBANESE	هوْن	هونيك	هَلَّأ	بَعْدَيْن
SYRIAN	هَوْن	هَوْنيك	هَلَّأ	بَعْدَيْن
IRAQI	هْنا	هْناك	هَسِّه	بعْدين
QATARI	هْني	هْناك	الْحين	بعْدين
BAHRAINI	هْني	هْناك	الحّيْن	بعْدين
SAUDI	هِنا	هِناك	دَحّين	بعْدين
YEMENI	هانا هْنّيا	هاناك هْنّكا	ذَلْحين	بَعْدا

54 | Arabic vs. Arabic: A Dialect Sampler

	🎧 151 **You are here.**	🎧 152 **You are not here.**
MSA	أَنْتَ هُنا.	أَنْتَ لَسْتَ هُنا.
MOROCCAN	انْتا هْنا.	مارانيش هْنا.
ALGERIAN	أراك هْنا.	ماراكْش هْنا.
TUNISIAN	إنْتِ هْنا.	إنْتِ ماكْش هْنا.
SUDANESE	إنْتَ هِنا.	إنْتَ ما هِنا.
EGYPTIAN	إنْتَ هِنا.	إنْتَ مِش هِنا.
PALESTINIAN	إنْتَ هان.	إنْتَ مِشْ هان.
JORDANIAN	إنْتَ هان.	إنْتَ مِشْ هان.
LEBANESE	إنْتَ هون.	إنْتَ مِشْ هون.
SYRIAN	إنْتَ هَوْن.	إنْتَ مو هَوْن. إنْتَ ما هَوْن. إنْتَ مانَك هَوْن.
IRAQI	إنْتَ هْنا.	إنْتَ مو هْنا.
QATARI	إنْتَ هْني.	إنْتَ مُب هْني.
BAHRAINI	إنْتَ هْني.	إنْتَ مو هْني.
SAUDI	إنْتَ مَوْجود هِنا.	إنْتَ مو مَوْجود هنا.
YEMENI	أنْتَ هانا.	مُش أنْتَ هانا. مَنْتِش هانا.

Here is another example of an equational sentence with a zero copula (see also p. 40). Notice that, in negative sentences, many dialects use a pronoun followed by a generic word for *am/is/are not* (regardless of the subject), while others have special negative pronouns used in equational sentences–above you can see some forms meaning *you are not.* Compare these to the sentences on p. 62.

Other Pronouns

	🎧 153 everything	🎧 154 nothing
MSA	كُلُّ شَيْءٍ	لا شَيْء
MOROCCAN	كُلّ شي	والو
ALGERIAN	كُلِّش	والو
TUNISIAN	كُلّ شَيّ	حَتَّى شَي
SUDANESE	كُلّو حاجَة كُلّو شيْء	وَلا حاجَة
EGYPTIAN	كُلّ حاجَة	وَلا حاجَة
PALESTINIAN	كُلّ إِشي	وَلا إِشي
JORDANIAN	كُلّ شي	وَلا شي
LEBANESE	كِلّ شي	ما شي
SYRIAN	كِل شي	مافي شي ما شي
IRAQI	كِلّ شي	ماكو شي
QATARI	كِلّ شيْ	وَلا شيْ
BAHRAINI	كِلّ شي	وَلا شي
SAUDI	كُلّ شيْء	وَلا شيْء
YEMENI	كُلّ شي	وَلا شي

	everyone 155	no one 156
MSA	كُلُّ شَخْصٍ كُلُّ واحِدٍ	لا أَحَدَ
MOROCCAN	كُلّ واحِد	تاواحِد
ALGERIAN	كُلّ واحِد	حَتَّى واحِد
TUNISIAN	كُلّ عَبْدْ كُلّ واحِد	حَتَّى حدّ
SUDANESE	كُلّو زوْل كُلّو واحِد	وَلا زوْل
EGYPTIAN	كُلّ واحَد	مَحَدِّش
PALESTINIAN	كُلّ واحَد	وَلا حَد
JORDANIAN	كُلّ واحَد	وَلا حَدا
LEBANESE	كِلّ شَخْص كِلّ واحَد	ماحَدا ماحَدَن
SYRIAN	كِل واحَد	ماحَدا ماحَدَن
IRAQI	كِلّ واحِد	ماكو أَحَد
QATARI	كِلّ واحِد	ولا حَد
BAHRAINI	كِلّ واحِد	ماحَد
SAUDI	كُلّ واحِد	وَلا أَحَد
YEMENI	كُلّ واحِد	وَلا حد

كلّ can precede an indefinite singular noun to mean *every*. When it precedes a definite plural noun, it translates *all (of the)*.

Adjectives

	🎧 157 bad	🎧 158 good	🎧 159 <u>very good</u>
MSA	سَيِّئ	جَيِّد	جَيِّدٌ جِدًّا
MOROCCAN	خايِب	مِزْيان واعِر	واعِر بِزّاف
ALGERIAN	ماشي مْليح	مْليح	مْليح بِزّاف
TUNISIAN	خايِب موش باهي	مخْلاه باهي مِزْيان	باهي برْشا
SUDANESE	كَعَّب	كُوَيِّس	كُوَيِّس شَديد
EGYPTIAN	وِحِش	كُوَيِّس	كُوَيِّس أَوي
PALESTINIAN	مِش مْنيح	مْنيح	كْتير مْنيح
JORDANIAN	مِش مْنيح	مْنيح	كْتير مْنيح
LEBANESE	مِش مْنيح	مْنيح	كْتير مْنيح
SYRIAN	ما مْنيح مو مْنيح	مْنيح	كْتير مْنيح
IRAQI	مو زين	زين	كِلِّش زين
QATARI	شيْن	زيْن	وايِد زيْن
BAHRAINI	مو زين	زيْن	وايِد زيْن
SAUDI	سَيِّء	تَمام	جَيِّد مَرَّة
YEMENI	شوعَه	حالي	حالي قَوي

The words for *very* precede the adjective in some dialects and follow it in others.

	🎧 160 big	🎧 161 small	🎧 162 beautiful	🎧 163 nice
MSA	كَبير	صَغير	جَميل	لَطيف
MOROCCAN	كْبير	صْغيرْ	زْوين	ظْريف
ALGERIAN	كْبيرْ	صْغيرْ	شْباب	مْليح
TUNISIAN	كْبير	صْغير	مِزْيان	تَحْفون
SUDANESE	كَبير	صَغير	جَميل	لَطيف
EGYPTIAN	كِبير	صُغَيَّر	جَميل	لَطيف حِلْو
PALESTINIAN	كْبير	زْغير	حِلْو	لَطيف
JORDANIAN	كْبير	صْغير	حِلْو	مْنيح
LEBANESE	كْبير	صْغير	حِلْو	لَطيف
SYRIAN	كْبير	صْغير	حِلْو بيعَقِّد	لَطيف ظَريف
IRAQI	چْبير	زْغير	يْخَبِّل	حِلْو
QATARI	چْبير	صْغيرْ	جَميل	حِلْو
BAHRAINI	كْبير	صْغير زْغير	حِلْو جَميل	طَيِّب حَبّوب لَطيف
SAUDI	كَبير	صَغير	جَميل	لَطيف
YEMENI	كَبير	زْغير	حالي	لَطيف

	🎧 164 delicious	🎧 165 hot	🎧 166 cold
MSA	لَذيذ	حارّ ساخِن	بارِد
MOROCCAN	لْذيذ	حارّ	بارِد
ALGERIAN	بْنين	سْخوْن	بارِد
TUNISIAN	بْنين	سْخون	بارِد
SUDANESE	لَذيذ	سَاخِن	بارِد
EGYPTIAN	لَذيذ	سُخْن	بارِد
PALESTINIAN	زاكي	سِخِن	بارِد
JORDANIAN	زاكي	سُخُن	بارِد
LEBANESE	طَيِّب	حار شوْب	بارِد
SYRIAN	طَيِّب	سِخِن حَرّ شَوْب	بارِد
IRAQI	طَيِّب	حار	بارِد
QATARI	لَذيذ	حار	بارِد
BAHRAINI	تاكِل أَصابْعِك وَراه لَذيذ	حار	بارِد
SAUDI	طِعْم	حار	بارِد
YEMENI	طَعْم حالي	حامي	بارِد صامِط

	🎧 167 black	🎧 168 white	🎧 169 red	🎧 170 blue	🎧 171 green	🎧 172 yellow
MSA	أَسْوَدُ	أَبْيَضُ	أَحْمَرُ	أَزْرَقُ	أَخْضَرُ	أَصْفَرُ
MOROCCAN	كْحِل / أَسْوَد	بْيَض / أَبْيَض	حْمَر / أَحْمَر	زْرَق / أَزْرَق	خْضَر / أَخْضَر	صْفَر / أَصْفَر
ALGERIAN	كْحِل	بْيَض	حْمَر	زْرَق	خْضَر	صْفَر
TUNISIAN	أَكْحِل / أَكْحَل	أَبْيَض / أَبْيَض	أَحْمَر / أَحْمَر	أَزْرَق	أَخْضَر / أَخْضَر	أَصْفَر / أَصْفَر
SUDANESE	أَسْوَد	أَبْيَض	أَحْمَر	أَزْرَق	أَخْضَر	أَصْفَر
EGYPTIAN	إِسْوِد	أَبْيَض	أَحْمَر	أَزْرَق	أَخْضَر	أَصْفَر
PALESTINIAN	أَسْوَد	أَبْيَض	أَحْمَر	أَزْرَق	أَخْضَر	أَصْفَر
JORDANIAN	أَسْوَد	أَبْيَض	أَحْمَر	أَزْرَق	أَخْضَر	أَصْفَر
LEBANESE	أَسْوَد	أَبْيَض	أَحْمَر	أَزْرَق	أَخْضَر	أَصْفَر
SYRIAN	أَسْوَد	أَبْيَض	أَحْمَر	أَزْرَق	أَخْضَر	أَصْفَر
IRAQI	أَسْوَد	أَبْيَض	أَحْمَر	أَزْرَڨ	أَخْضَر	أَصْفَر
QATARI	أَسْوَد	أَبْيَض	أَحْمَر	أَزْرَق	أَخْضَر	أَصْفَر
BAHRAINI	أَسْوَد	أَبْيَض	أَحْمَر	أَزْرَڨ	أَخْضَر	أَصْفَر
SAUDI	أَسْوَد	أَبْيَض	أَحْمَر	أَزْرَڨ	أَخْضَر	أَصْفَر
YEMENI	أَسْوَد	أَبْيَض	أَحْمَر	أَزْرَق	أَخْضَر	أَصْفَر

Basic colors are rather uniform among the dialects.

Notice that أَزْرَق is pronounced with a final /g/ in Sudanese, Iraqi, Bahraini, and Saudi. For Sudanese, the spelling is not changed because ق is consistently pronounced /g/ in Sudanese. In the other dialects, it is spelled with the special letter ڨ to show this pronunciation.

	🎧 173 I am happy.	🎧 174 I am not happy.
MSA	أَنا سَعيدٌ.	أَنا لَسْتُ سَعيدًا.
MOROCCAN	أَنا فَرْحان.	أَنا مافَرْحانِش. أَنا ماشي فَرْحان.
ALGERIAN	أَنا فَرْحان.	أَنا مانيش فَرْحان.
TUNISIAN	آنا فَرْحان.	آنا مانيش فَرْحان.
SUDANESE	أَنا فَرْحان.	أَنا ما فَرْحان.
EGYPTIAN	أَنا مبْسوط.	أَنا مِش مبْسوط.
PALESTINIAN	أَنا مَبْسوط.	أَنا مِش مَبْسوط.
JORDANIAN	أَنا مَبْسوط.	أَنا مِش مَبْسوط.
LEBANESE	أَنا مَبْسوط.	أَنا مِش مَبْسوط.
SYRIAN	أَنا مَبْسوط.	أَنا مو مَبْسوط. أَنا ما مَبْسوط. أَنا ماني مَبْسوط.
IRAQI	آني فَرْحان.	آني مو فَرْحان.
QATARI	آنا مِسْتانِس.	آنا مو مِسْتانِس.
BAHRAINI	آنا مِسْتانَس.	آنا مو مِسْتانَس.
SAUDI	أَنا فَرْحان.	أَنا مو فَرْحان.
YEMENI	أَنا مُرْتاح.	أَنا ماناش مُرْتاح.

Adjectives can also be used as predicates with a zero-copula in the present tense. (See also p. 55.)

Remember: Our female friends are using masculine adjectives in the examples. In normal speech, they would make the adjective feminine by adding ة.

While many dialects have a single word that can be used for *am/is/are not* (for all persons), some have special forms for each person in the negative, notably MSA, Algerian, Syrian, Tunisian, and Yemeni in this table. (Compare with the table on p. 55.)

Prepositions

	🎧 175 <u>in</u> the house	🎧 176 <u>to</u> the city
MSA	في المَنْزِلِ	إِلَى المَدينَةِ
MOROCCAN	في الدّار	لِلْمْدينَة
ALGERIAN	في الدّار	لِلْمَدينَة
TUNISIAN	في الدّار	لِلْبْلاد
SUDANESE	في الْبيْت	إلى الْمَدينَة
EGYPTIAN	في البيْت	لِلْمَدينَة
PALESTINIAN	في الدّار	عَلى الْبَلَد
JORDANIAN	في الْبَيْت	عَلى الْمَدينَة
LEBANESE	بِالْبيْت	لَلْمَدينةِ عَ الْمَدينةِ
SYRIAN	بِالبَيْت	عَ الْبَلَد
IRAQI	بِالْبيْت	لِلْمَدينَة
QATARI	في الْبيْت	لِلْمَدينَة
BAHRAINI	في الْبيْت	لِلْمَدينَة
SAUDI	في الْبيْت	لِلْمَدينَة
YEMENI	في الْبيْت	لَلْمَدينة إلى الْمَدينةِ

	🎧 177 in front of	🎧 178 behind	🎧 179 on top of	🎧 180 under
MSA	أَمامَ	وَراءَ	عَلَى	تَحْتَ
MOROCCAN	قِدّام	وْرا	عْلى	تَحْت
ALGERIAN	قِدّام	موْر	عْلى	تَحْت
TUNISIAN	قُدّام	وْرا	عْلى / عَ	تَحْت
SUDANESE	قِدّام	وَرا	فوْق	تِحِت
EGYPTIAN	قُدّام	وَرا	عَلَى	تَحْت
PALESTINIAN	قُدّام	وَرا	عَلَى	تَحْت
JORDANIAN	قُدّام	وَرا	عَلَى	تَحِت
LEBANESE	قِدّام	وَرا	فوْق	تَحِت
SYRIAN	قِدّام	وَرا	فَوْق	تَحْت
IRAQI	قُدّام	وَرا	فوْق	جَوَّة
QATARI	قُدّام	وَرا	عَلَى	تَحْت
BAHRAINI	جِدّام	وَرا	فوْق / عَلَى	تَحْت
SAUDI	قُدّام	وَرا	عَلَى	تَحِت
YEMENI	قُدّام	وَرا	عَلَى	تَحْت

	🎧 181 from	🎧 182 to	🎧 183 with	🎧 184 without
MSA	مِنْ	إلَى	مَعَ	بِدونِ
MOROCCAN	مِن	لْ	مْعَ	بْلا
ALGERIAN	مِن	لْ	مْعَ	بْلا
TUNISIAN	مِن	لْ	مْعَ	مِن غير
SUDANESE	مِن	إلَى	مَعَ	بِدون
EGYPTIAN	مِن	لِ	مَعَ	مِن غيْر
PALESTINIAN	مِن	لَ	مَعَ	بِدون مِن غيْر
JORDANIAN	مِن	عَلَى	مَعَ	بِدون
LEBANESE	مِن	لَ عَ	مَعَ	بِدون
SYRIAN	مِن	لَ	مَع	مِن دون
IRAQI	مِن	لِ	وَيَّه	بِدون
QATARI	مِن	لِ لينْ	مَع	بِدون
BAHRAINI	مِن	لْ	ويّا	بِدون
SAUDI	مِن	إلى	مَع	بِدون
YEMENI	مِن	لَ إلى	مَعَ	بِدون مِن غَيْر

In some dialects (such as Tunisian and Egyptian), مِن is truncated to مِ, especially before the definite article.

	🎧 185 next to	🎧 186 near	🎧 187 far from	🎧 188 across from
MSA	بِجانِبِ	قَرِيبٌ مَن	بَعِيدٌ عَنْ	بِمُقابِلِ
MOROCCAN	مِنْ جِنْب	قْرِيب مِن	بْعِيد مِن	بْمُقابِل
ALGERIAN	قِدّام	قْرِيب مِن	بْعِيد عْلى	بِالْمُقابِل
TUNISIAN	بِجْنَب	بَحْذا قْرِيب من	بْعِيد عْلى	مُقابِل
SUDANESE	جَمْب	قَرِيب مِن	بَعِيد مِن	قِدّام
EGYPTIAN	جَنْب	قُرَيِّب مِن	بَعِيد عَن	قُدّام
PALESTINIAN	جَنْب	قْرِيب مِن	بْعِيد عَن	قْبال
JORDANIAN	جَنْب	قْرِيب مِن	بْعِيد عَن	إقْبال
LEBANESE	حَد	قْرِيب مِن	بْعِيد عَن	بْوِجّ
SYRIAN	بْجَنْب	حَدّ مِن	بْعِيد عَن	قِدّام مُقابِيل
IRAQI	يَم	بْصَفّ	بَعِيد عَن	مُقابِل
QATARI	يَنْب جَنْب	قْرِيب مِن	بِعِيد عَن	قُدّام
BAHRAINI	يَم صَوْب	يَم جِرِيب مِن	بَعِيد عَن	جِدّام
SAUDI	جَنْب	قرِيب مِن	بَعِيد عَن	مُقابِل قُدّام
YEMENI	جَنْب	قَرِيب مِن	بِعِيد عَن	مُقابِل

Verbs

Verb Conjugatoins

Let's take a look at the conjugation of a very common verb: كتب *to write.* On the following pages, we have the first, second, then third-person forms of the perfect (past) tense followed by the imperfect (present) tense forms. The conjugations are given together with their corresponding pronouns for clarity, but in actual practice, a verb is normally used without a pronoun subject. A pronoun subject is only used for emphasis.

Perfect Tense: First Person

	🎧 189 I wrote	🎧 190 we wrote
MSA	أَنا كَتَبْتُ	نَحْنُ كَتَبْنا
MOROCCAN	آنا كْتَبْت	حْنا كْتَبْنا
ALGERIAN	آنا كْتَبْت	حْنا كْتَبْنا
TUNISIAN	آنا كْتَبْت	أَحْنا كْتَبْنا
SUDANESE	أَنا كَتَبْتَ	نِحْنا كَتَبْنا
EGYPTIAN	أَنا كَتَبْت	إحْنا كَتَبْنا
PALESTINIAN	أَنا كَتَبْت	إحْنا كَتَبْنا
JORDANIAN	أَنا كَتَبْت	إحْنا كَتَبْنا
LEBANESE	أَنا كَتَبْت	نِحْنا كَتَبْنا
SYRIAN	أَنا كَتَبْت	نِحْنا كَتَبْنا
IRAQI	آني كِتَبِت	إحْنا كِتَبْنا
QATARI	أَنا كِتَبْت	إحْنا كِتَبْنا
BAHRAINI	أَنا كْتَبْت	إحْنا كْتَبْنا
SAUDI	أَنا كَتَبْت	إحْنا كَتَبْنا
YEMENI	أَنا كَتَبْت	إحْنا كَتَبْنا

The endings for the first-person forms are quite consistent. However, in the Levantine dialects, the final ت is preceded by *kasra* (ِ): /-it/. In rapid speech, you may notice that this kasra can disappear, especially when the following word starts with a vowel.

67 | Arabic vs. Arabic: A Dialect Sampler

Perfect Tense: Second Person

	🎧 191 you⁽ᵐ⁾ wrote	🎧 192 you⁽ᶠ⁾ wrote	🎧 193 you⁽ᵈᵘᵃˡ, ᵐ ᵖˡ, ᶠ ᵖˡ⁾ wrote
MSA	أَنْتَ كَتَبْتَ	أَنْتِ كَتَبْتِ	أَنْتُما كَتَبْتُما أَنْتُمْ كَتَبْتُمْ أَنْتُنَّ كَتَبْتُنَّ
MOROCCAN	إِنْتا كْتَبْتْ	إِنْتِي كْتَبْتِي	إِنْتوما كْتِبْتوا
ALGERIAN	إِنْتَ كْتَبْتْ	إِنْتِ كْتِبْتِي	إِنْتوما كْتِبْتوا
TUNISIAN	إِنْتِ كْتَبْتْ	إِنْتِ كْتَبْتْ	إِنْتوما كْتِبْتوا
SUDANESE	إِنْتَ كَتَبْتَ	إِنْتِي كَتَبْتِي	إِنْتو كَتَبْتوا
EGYPTIAN	إِنْتَ كَتَبْتَ	إِنْتِي كَتَبْتِي	إِنْتو كَتَبْتوا
PALESTINIAN	إِنْتَ كَتَبْتْ	إِنْتِي كَتَبْتِي	إِنْتو كَتَبْتو
JORDANIAN	إِنْتَ كَتَبْتْ	إِنْتِي كَتَبْتِي	إِنْتو كَتَبْتو
LEBANESE	إِنْتَ كَتَبْتْ	إِنْتِي كَتَبْتِي	إِنْتو كَتَبْتو
SYRIAN	إِنْتَ كَتَبْتْ	إِنْتِي كَتَبْتِي	إِنْتو كَتَبْتو
IRAQI	إِنْتَ كِتَبْتْ	إِنْتِي كِتَبْتِي	إِنْتُم كِتَبْتُم إِنْتِن كِتَبْتِن
QATARI	إِنْتَ كِتَبْتْ	إِنْتِي كِتَبْتِي	إِنْتو كَتَبْتوا
BAHRAINI	إِنْتَ كِتَبْتْ	إِنْتِي كِتَبْتِيْ	إِنْتُوْ كِتَبْتُوْا
SAUDI	إِنْتَ كِتَبْتْ	إِنْتِي كَتَبْتِي	إِنْتو كَتَبْتوا
YEMENI	أَنْتَ كَتَبْتْ	أَنْتِ كَتَبْتِي	أَنْتُمْ كَتَبْتُمْ أَنْتَيْن كَتَبْتَيْن / أَنْتِن كَتَبْتِن

See p. 52 for usage of the second person in Arabic.

Perfect Tense: Third Person

	🎧 194 he wrote	🎧 195 she wrote	🎧 196 they(dual, m pl, f pl) wrote
MSA	هُوَ كَتَبَ	هِيَ كَتَبَتْ	هُما كَتَبَا هُمْ كَتَبوا هُنَّ كَتَبْنَ
MOROCCAN	هُوَّ كْتَب	هِيَّ كِتْبَت	هوما كِتْبوا
ALGERIAN	هُوَّ كْتَب	هِيَّ كِتْبَت	هوما كِتْبوا
TUNISIAN	هُوَّ كْتَب	هِيَّ كِتْبَت	هوما كِتْبوا
SUDANESE	هُوَّ كَتَب	هِيَّ كَتَبَت	هُمَّا كَتَبوا
EGYPTIAN	هُوَّ كَتَب	هِيَّ كَتَبِت	هُمَّا كَتَبوا
PALESTINIAN	هُوَّ كَتَب	هِيَّ كَتَبَت	هُمَّا كَتَبوا
JORDANIAN	هُوَّ كَتَب	هِيَّ كَتَبَت	هُمَّا كَتَبوا
LEBANESE	هُوَّ كَتَب	هِيَّ كَتَبِت	هِنِّي كَتَبُوا
SYRIAN	هُوَّ كَتَب	هِيَّ كَتَبِت	هِنّ كَتَبوا
IRAQI	هُوَّ كِتَب	هِيَّ كِتْبَت	هُمَّ كِتْبوا هِنِّهْ كِتْبِن
QATARI	هو كِتَب	هي كِتْبَت	هُمَّا كَتَبوا
BAHRAINI	أَهْوَ كِتَب	إِهْيَ كِتْبَت	إِهْمَ كِتْبُوْا
SAUDI	هُوَّ كَتَب	هِيَّ كَتَبَت	هُمَّا كَتَبوا
YEMENI	هو كَتَب	هي كَتَبَت	هُم كَتَبوا هِن كَتَبَيْن

See p. 53 for usage of the third person in Arabic.

Some Arabs write only و (leaving off the final silent ا) when writing the third-person plural conjugation in their dialect, while others follow the spelling conventions of MSA and write وا.

Imperfect Tense: First Person

	🎧 197 I write	🎧 198 we write
MSA	أَنا أَكْتُبُ	نَحْنُ نَكْتُبُ
MOROCCAN	آنا كَنْكْتِب	حْنا كَنْكْتْبو
ALGERIAN	آنا نِكْتِب	حْنا نِكْتْبوا
TUNISIAN	آنا نِكْتِب	أحْنا نِكْتْبوا
SUDANESE	أَنا بَكْتِب	نحْنا بْنَكْتِب
EGYPTIAN	أَنا بَكْتِب	إحْنا بِنكْتِب
PALESTINIAN	أَنا بَكْتُب	إحْنا مْنِكْتُب
JORDANIAN	أَنا بَكْتُب	إحْنا مْنِكْتُب
LEBANESE	أَنا بِكْتُب	نِحْنا مْنِكْتُب
SYRIAN	أَنا بِكْتُب	نِحْنا مْنِكْتُب
IRAQI	آني أَكْتُب	إحْنا نِكْتِب
QATARI	أَنا أَكْتِب	إحْنا نِكْتِب
BAHRAINI	آنا أَكْتِب	إحْنا نَكْتِب
SAUDI	أَنا أَكْتُبْ	إحْنا نَكْتُبْ
YEMENI	أَنا بَيْن أَكْتُبْ	إحْنا بْنَكْتُبْ

Many, but not all, dialects add a prefix before the personal prefix to express the present tense. MSA does not have such a prefix. This prefix is ب in many dialects, but ك in Moroccan. In Yemeni, the word بَيْن (instead of the prefix ب) precedes the first-person singular verb.

The first-person singular prefix is ن in the Maghrebi dialects. In other dialects and MSA, ن is used for the first-person plural. In the Maghrebi dialects, the first-person plural has the prefix ن and the suffix وا.

Imperfect Tense: Second Person

	🎧 199 you⁽ᵐ⁾ write	🎧 200 you⁽ᶠ⁾ write	🎧 201 you⁽ᵈᵘᵃˡ, ᵐ ᵖˡ, ᶠ ᵖˡ⁾ write
MSA	أَنْتَ تَكْتُبُ	أَنْتِ تَكْتُبِينَ	أَنْتُما تَكْتُبانِ أَنْتُمْ تَكْتُبُونَ أَنْتُنَّ تَكْتُبْنَ
MOROCCAN	إِنْتا كَتْكْتِب	إِنْتي كَتْكْتْبي	إِنْتوما كَتْكْتْبو
ALGERIAN	إِنْتَ تِكْتِب	إِنْتِ تِكْتْبي	إِنْتوما تِكْتْبوا
TUNISIAN	إِنْتَ تِكْتِب	إِنْتِ تِكْتْبي	إِنْتوما تِكْتْبوا
SUDANESE	إِنْتَ بِتَكْتِب	إِنْتي بِتَكْتْبي	إِنْتو بِتَكْتْبوا
EGYPTIAN	إِنْتَ بِتِكْتِب	إِنْتي بِتِكْتْبي	إِنْتو بِتِكْتْبوا
PALESTINIAN	إِنْتَ بُتُكْتُب	إِنْتِ بْتُكْتْبي	إِنْتو بْتُكْتْبوا
JORDANIAN	إِنْتَ بْتُكْتُب	إِنْتِ بْتُكْتْبي	إِنْتو بْتُكْتْبوا
LEBANESE	إِنْتَ بْتِكْتِب	إِنْتي بْتِكْتْبي	إِنْتو بْتِكْتْبوا
SYRIAN	إِنْتَ بْتِكْتِب	إِنْتي بْتِكْتْبي	إِنْتو بْتِكْتْبوا
IRAQI	إِنْتَ تَكْتِب	إِنْتِ تِكْتِبين	إِنْتُمْ تِكْتْبون إِنْتِنْ تِكْتِبِن
QATARI	إِنْتَ تَكْتِب	إِنْتِ تِكْتِبين	إِنْتو تِكْتْبون
BAHRAINI	إِنْتَ تَكْتِب	إِنْتي تْكْتِبين	إِنْتَوْ تْكْتْبون
SAUDI	إِنْتَ تَكْتِب	إِنْتي تَكْتبي	إِنْتوا تَكْتْبوا
YEMENI	أَنْت بِتْكْتُب	أَنْتِ بِتْكْتْبي	أَنْتُم بِتْكْتْبُوا أَنْتِين بِتْكْتِبِن

Remember: Only Iraqi and Yemeni have feminine plural forms. Other dialects use one form for both men and women.

Imperfect Tense: Third Person

	🎧 202 he writes	🎧 203 she writes	🎧 204 they (dual, m pl, f pl) write
MSA	هُوَ يَكْتُبُ	هِيَ تَكْتُبُ	هُما يَكْتُبانِ هُمْ يَكْتُبونَ هُنَّ يَكْتُبْنَ
MOROCCAN	هُوَّ كَيكْتِب	هِيَّ كَتكْتِب	هوما كَيكْتْبوا
ALGERIAN	هُوَّ يِكْتِب	هِيَّ تِكْتِب	هوما يِكْتْبوا
TUNISIAN	هُوَّ يِكْتِب	هِيَّ تِكْتِب	هوما يِكْتْبوا
SUDANESE	هُوَّ بِيكْتِب	هِيَّ بتِكْتِب	هُمّا بِيكْتْبوا
EGYPTIAN	هُوَّ بِيِكْتِب	هِيَّ بتِكْتِب	هُمّا بِيِكْتْبوا
PALESTINIAN	هُوَّ بْيُكْتُب	هِيَّ بْتُكْتُب	هُمّا بْيُكْتْبوا
JORDANIAN	هُوَّ بْيُكْتُب	هِيَّ بْتُكْتُب	هُمّا بْيُكْتْبُو
LEBANESE	هُوَّ بْيِكْتِب	هِيَّ بْتِكْتِب	هِنِّي بْيِكْتْبوا
SYRIAN	هُوَّ بْيِكْتِب	هِيَّ بْتِكْتِب	هِن بْيِكْتْبوا
IRAQI	هُوَّ يِكْتِب	هِيَّ تِكْتِب	هُمَّ يِكْتْبون هِنِّه يِكْتِبِن
QATARI	هو يِكْتِب	هي تِكْتِب	هُمْ يِكْتْبون
BAHRAINI	أَهُوَ يكْتب	إِهْيَ تَكْتب	إهْمَ يكتبون
SAUDI	هُوَّ يكْتُب	هِيَّ تَكْتُب	هُمّا يُكْتُبوا
YEMENI	هو بْيِكْتِب	هي بتِكْتِب	هُم بْيِكْتْبوا هِن بْيِكْتْبين

Common Verbs
Go, Come

	🎧 205 he went; he goes	🎧 206 he came; he comes
MSA	ذَهَب - يَذْهَبُ	أَتَى - يَاتي
MOROCCAN	مْشى - كَيْمْشي	جا - كَيْجي
ALGERIAN	راح - يْروْح	جاء - يْجي
TUNISIAN	مْشَى - يمْشي	جاء - يْجي
SUDANESE	فات - بِفوت	جا - بِجي
EGYPTIAN	راح - يروح مِشي - يِمْشي	جِه - يِيجي
PALESTINIAN	راح - يْروح	إجا - يِجي
JORDANIAN	راح - بيروح	أَجا - بيجي
LEBANESE	راح - يْروح	إجا - يِجي
SYRIAN	راح - بيروح	إجا - بْيِجّي
IRAQI	راح - يْروح	إجى - يْجي
QATARI	راح - يْروح	جا - يِجي
BAHRAINI	راح - إِروح	يا - إِيِّي
SAUDI	راح - يْروح	جا - يِجي
YEMENI	سار - يْسير	جا - يِجي

While most of our friends give the bare imperfect forms in this section, that is, without the present tense prefix (ب etc.), in order to show the simplest (*citation*) forms, our Moroccan, Sudanese, Jordanian, and Syrian friends have added this prefix. The bare imperfect would be used after expressions for *want, can, must,* etc. (See p. 89-91.)

Do, Become

	🎧 207 he did; he does	🎧 208 he became; he becomes
MSA	فَعَلَ - يَفْعَلُ	أَصْبَحَ - يُصْبِحُ
MOROCCAN	دار - كَيْدير	أَصْبَح - كَيَصْبَح وْلّا - كيولّي
ALGERIAN	دار - يْديْر	وِلّى - يْوِلّي
TUNISIAN	عْمَل - يَعْمَل	وَلَّا - يْوَلِّي
SUDANESE	عَمَل - بِعْمَل	بِقَى - بِبْقَى
EGYPTIAN	عَمَل - يِعْمِل	بَقَى - يِبْقِي
PALESTINIAN	عِمِل - يَعْمَل	صار - يْصير
JORDANIAN	عِمِل - بْيَعمَل	صار - بيصير
LEBANESE	عِمِل - يَعْمِل	صار - يْصير
SYRIAN	عِمِل - بْيِعْمِل	صار - بيصير
IRAQI	سَوّى - يْسَوّي	صار - يْصير
QATARI	سَوّى - يْسَوّي	صار - يْصير
BAHRAINI	سَوّى - إِيسَوّي	صار - يْصير
SAUDI	سَوّى - يِسَوّي	صار - يِصير
YEMENI	فَعَل - يِفْعَل	وُقَع - يُقَع

Sleep, Wake Up

	🎧 209 he slept; he sleeps	🎧 210 he woke up; he wake ups
MSA	نامَ - يَنامُ	اِسْتَيْقَظَ - يَسْتَيْقِظُ
MOROCCAN	نْعِس - كِيْنِعِس	فاق - كَيْفِيْق ناض - كَيْنوض
ALGERIAN	رْقِد - يَرْقِد	ناظ - يْنوْظ
TUNISIAN	رْقَد - يُرْقُد	فاق - يْفيق
SUDANESE	نام - بِنوم	قام - بِقوم
EGYPTIAN	نام - يِنام	صِحي - يِصْحى
PALESTINIAN	نام - يْنام	صِحي - يِصْحَى
JORDANIAN	نام - بينام	صِحي - بْيِصْحَى
LEBANESE	نام - يْنام	فاق - يْفيق
SYRIAN	نام - بينام	وَعي - بْيوعى
IRAQI	نام - يْنام	قَعَد مِن النّوم - يَقْعِد مِن النّوم
QATARI	نام - يْنام رَقَد - يَرْقِد	قَعَد - يَقْعِد
BAHRAINI	رقِد - يَرْقِد	قَعَد مِن النّوم - يَقْعِد مِن النّوم قِعَد مِن الرْقاد - يَقْعِد مِن الرْقاد
SAUDI	نام - بِنام	قام - يِقوم
YEMENI	رَقَد - يُرْقُد	قام - يْقوم

Speak, Say

	🎧 211 he spoke; he speaks	🎧 212 he said; he says
MSA	تَكَلَّمَ - يَتَكَلَّمُ تَحَدَّثَ - يَتَحَدَّثُ	قالَ - يَقولُ
MOROCCAN	هْدَر - كَيهْدِر تْكَلَّم - كِيْتْكَلَّم دْوا - كِيدْوي	قال - كِيقول
ALGERIAN	هْدَر - يَهْدَر	قال - يْقولْ
TUNISIAN	تْكَلَّم - يِتْكَلِّم حْكى - يَحْكي	قال - يْقول
SUDANESE	اِتْكَلَّم - بِتْكَلِّم	قال - بِقول
EGYPTIAN	اِتْكَلِّم - يِتْكَلِّم	قال - يِقول
PALESTINIAN	تَكَلَّم - يِتْكَلَّم	قال - يْقول
JORDANIAN	حَكى - بْيِحْكي	ڨال - بيڨول
LEBANESE	حِكي - يِحْكي	قال - يْقول
SYRIAN	حَكى - بْيِحْكي	قال - بِيقول
IRAQI	چِچى - يِحْچي	ڨال - يْڨول
QATARI	تِكَلَّم - يِتِكَلَّم	ڨال - يْڨول
BAHRAINI	تِكَلَّم - يِتِكَلَّم	ڨال - إيڨول
SAUDI	اِتْكَلَّم - يِتْكَلَّم	قال - يِقول
YEMENI	تْكَلَّم - يِتْكَلَّم تَحاكى - يِتْحاكى	قال - يِقول

Give, Take

	🎧 213 he gave; he gives	🎧 214 he took; he takes
MSA	أَعْطَى - يُعْطي	أَخَذَ - يَاخُذُ
MOROCCAN	عْطى - كَيَعْطيْ	خْدا - كَيّاخِذ
ALGERIAN	عْطَى - يَعْطي	إدّا - يِدّي
TUNISIAN	عْطَى - يَعْطي	خْذا - ياخِذ- ياخو
SUDANESE	أَدَّى - بِدّي	شال - بِشيل
EGYPTIAN	إدَّى - يِدّي	أَخَد / خَد - ياخُد
PALESTINIAN	أَعْطَى - يَعْطي	أَخَد - ياخُد
JORDANIAN	أَعْطى - بْيِعْطي	أَخَد - بْيُوخُذ
LEBANESE	عَطى - يَعْطي	أَخَد - ياخُد
SYRIAN	عَطى - بْيَعْطي	أَخَد - بْياخُد
IRAQI	أَنْطى - يِنْطي	أَخَذ - ياخِذ
QATARI	عَطَى - يَعْطي	أَخَذَ - ياخِذ
BAHRAINI	عَطى - يَعْطي	أَخَذَ - ياخِذ
SAUDI	أَعْطى - يِعْطي	أَخَد - ياخُد
YEMENI	إِدّي - يِدّي	بِز - يِبز شِلّ - يْشِلّ

Arrive, Bring

	🎧 215 he arrived; he arrives	🎧 216 he brought; he brings
MSA	وَصَل - يَصِلُ	أتَى بِـ - يَاتي بِـ جاءَ بِـ - يَجيءُ بِـ
MOROCCAN	وْصَل - كَيوصَل	جاب - كيجيب
ALGERIAN	وْصِلْ - يوْصِل	جاب - يْجِيب
TUNISIAN	وْصِل - يوصِل	جاب - يْجِيب
SUDANESE	وَصَل - بِصَل	جاب - بِجِيب
EGYPTIAN	وَصَل - يِوْصَل	جاب - يِجِيب
PALESTINIAN	وِصِل - يوصَل	جاب - يْجِيب
JORDANIAN	وِصِل - بْيوصَل	جاب - بِيجِيب
LEBANESE	وِصِل - يوصَل	جاب - يْجِيب
SYRIAN	وِصِل - بْيوصَل	جاب - بِيجِيب
IRAQI	وُصَل - يوْصَل	جاب - يْجِيب
QATARI	وُصَل - يوصَل	جاب - يْجِيب
BAHRAINI	وُصَل - يوصَل	يْهْ بَـ - إِيي بَـ
SAUDI	وَصَل - يوصَل	جاب - يِجِيب
YEMENI	وُصْل - يوصَل	إِدّي - يِدّي

78 | Arabic vs. Arabic: A Dialect Sampler

See, Watch

	🎧 217 he saw; he sees	🎧 218 he watched; he watches (TV etc.)
MSA	رَأَى - يَرَى	شاهَد - يُشاهِدُ
MOROCCAN	شاف - كَيْشوف	تْفَرَّج - كيتْفَرَّج
ALGERIAN	شاف - يْشوْف	شاف - يْشوف
TUNISIAN	شاف - يْشوف	تْفَرَّج - يِتْفَرَّج
SUDANESE	شاف - بِشوف	شاف - بِشوف
EGYPTIAN	شاف - يِشوف	اِتْفَرَّج عَلَى - يِتْفَرَّج عَلَى
PALESTINIAN	شاف - يْشوف	شاف - يْشوف
JORDANIAN	شاف - بِشوف	حَضَر - بْيِحْضَر
LEBANESE	شاف - يْشوف	حُضِر - يُحْضَر
SYRIAN	شاف - بيشوف	حِضِر - بْيِحْضَر
IRAQI	شاف - يْشوف	شاف : يْشوف
QATARI	چاف - يْچوف	چاف - يْچوف
BAHRAINI	چاف - يْچوف	چاف - يِچوف
SAUDI	شاف - يِشوف	اَتْفَرَّج - يِتْفَرَّج
YEMENI	أَبْسَر - يِبْسِر	أَبْسَر - يِبْسِر

Eat, Write, Find

	🎧 219 he ate; he eats	🎧 220 he wrote; he writes	🎧 221 he found; he finds
MSA	أَكَل - يَأكُلُ	كَتَب - يَكْتُبُ	وَجَدَ - يَجِدُ
MOROCCAN	كْلا - كَيَّاكِل	كْتِب - كَيكْتِب	لْقى - كَيْلْقى
ALGERIAN	كْلا - ياكِل	كْتِب - يِكْتِب	لْقَى - يْلْقى
TUNISIAN	كْلا - ياكِل	كْتِب - يِكْتِب	لْقَى - يَلْقى
SUDANESE	أَكَل - بِياكُل	كَتَب - بِكْتُب	لِقَى - بِلْقى
EGYPTIAN	أَكَل / كَل - ياكُل	كَتَب - يِكْتِب	لاقَى - يلاقي
PALESTINIAN	أَكَل - ياكُل	كَتَب - يُكْتُب	لَقَى - يْلاقي
JORDANIAN	أَكَل - بْيوكُل	كَتَب - بِيكْتُب	لَقَّ - بلاقي
LEBANESE	أَكَل - ياكُل	كَتَب - يْكْتُب	لَقى - يْلاقي
SYRIAN	أَكَل - بْياكُل	كَتَب - بِيكْتُب	لاقى - بيلاقي
IRAQI	أَكَل - ياكِل	كِتَب - يِكْتِب	لِقي - يِلْقي
QATARI	أَكَل - ياكِل	كَتَب - يِكْتِب	حَصَّل - يْحَصَّل
BAHRAINI	أَكَل - ياكِل	كَتَب - يِكْتِب	حَصَّل - يْحَصَّل
SAUDI	أَكَل - ياكُل	كَتَب - يُكْتُب	لِقي - يِلْقَى
YEMENI	أَكَل - ياكُل	كَتَب - يُكْتُب	لِقي - يَلْقى

Verb Tenses

On the following pages, you will see perfect and imperfect verbs used in context to express past, present, and future actions. In the example sentences, the time words *yesterday* and *tomorrow* are used. Let's learn them first.

	🎧 222 **yesterday**	🎧 223 **today**	🎧 224 **tomorrow**
MSA	أَمْس	اَلْيَوْم	غَدًا
MOROCCAN	الْبارِح	الْيوم لْيوما	غِدّا
ALGERIAN	الْبارِح	الْيَوْم	غِدْوا
TUNISIAN	الْبارَح	الْيوم	غُدْوا
SUDANESE	أَمْس أُمْبارِح	اَللّيْلَة	بُكْرَة
EGYPTIAN	إِمْبارِح	اِنَّهارْدَه	بُكْرَة
PALESTINIAN	إِمْبارِح	الْيَوْم	بُكْرا
JORDANIAN	إِمْبارِح	الْيَوْم	بُكْرا
LEBANESE	مْبارِح	الْيَوْم	بُكْرا
SYRIAN	إِمْبارْحَة	الْيَوْم	بُكْرا
IRAQI	الْبارْحَة	الْيَوْم	باچِر
QATARI	أَمْس	الْيَوْم	باچِر
BAHRAINI	أَمْس	الْيَوْم	باچِر
SAUDI	أَمْس	اَلْيَوْم	بُكْرا
YEMENI	أَمْس	اَلْيَوْم	غُدْوَة

Past Tense

	🎧 225 I wrote a letter yesterday.	🎧 226 I <u>did not</u> write a letter yesterday.
MSA	كَتَبْتُ رِسالَةً أَمْسِ.	لَمْ أَكْتُبْ رِسالَةً أَمْسِ.
MOROCCAN	كْتِبْتُ لْبارِحِ رِسالَة.	ماكْتِبْتِش الِبارِحِ رِسالَة..
ALGERIAN	كْتِبْتُ رِسالَة الِبارِحِ.	ماكْتِبْتِش رِسالَة الِبارِحِ.
TUNISIAN	كْتِبْتُ جْواب الْبارِحْ.	ما كْتِبْتِش جْواب الْبارِحْ.
SUDANESE	كَتَبْتَ رِسالَة أَمْس.	ما كَتَبْتَ رِسالَة أَمْس.
EGYPTIAN	كَتَبْتُ جَواب إِمْبارِحْ.	ما كَتَبْتِش جَواب إِمْبارِحْ.
PALESTINIAN	إِمْبارِحْ كَتَبْتُ رِسالَة.	ما كَتَبْتُ رِسالَة إِمْبارِحْ.
JORDANIAN	كَتَبْتُ رِسالَة إِمْبارِحْ.	ما كَتَبْتُ رِسالَة إِمْبارِحْ.
LEBANESE	كَتَبْتُ رِسالِة امْبارِحْ.	ما كْتَبْتُ رِسالِه مْبارِحْ.
SYRIAN	كَتَبْتُ رِسالِة إِمْبارْحَة.	ما كَتَبْتُ رِسالِة إِمْبارْحَة.
IRAQI	كَتَبْتُ رِسالَة الِبارْحَة.	ما كَتَبْتُ رِسالَة الِبارْحَة.
QATARI	أَمْس كَتَبْتُ رِسالَة.	أَمْس ما كَتَبْتُ رِسالَة.
BAHRAINI	كَتَبْتُ رِسالَة أَمْس.	ما كَتَبْتُ رِسالَة أَمْس.
SAUDI	كَتَبْتُ رِسالَة أَمْس.	ما كَتَبْتُ رِسالَة أَمْس.
YEMENI	كَتَبْتُ رْسالَة أَمْس.	ما كَتَبْتِش رِسالَة أَمْس.

The word for *did not* is highlighted for MSA above. Can you find the system for negating perfect tense verbs in the dialects?

ما is also commonly written as a prefix (without a space), sometimes just as مـ.

Present Habit

	🎧 227 I write a letter every day.	🎧 228 I <u>do not</u> write a letter every day.
MSA	أَكْتُبُ رِسالَةً كُلَّ يَوْمٍ.	لا أَكْتُبُ رِسالَةً كُلَّ يَوْمٍ.
MOROCCAN	كَنْتِكْتُب رِسالَة كُل نْهار.	ماكانْتِكْتْبِش كُل نهار رِسالَة.
ALGERIAN	نِكْتِب رِسالَة كُلّ يوم.	ما نِكْتِبْش رِسالَة كُلّ يوم.
TUNISIAN	نِكْتِب جْواب كُلّ يوم.	ما نِكْتِبْش جْواب كُلّ يوم.
SUDANESE	بَكْتِب رِسالَة كُلّ يَوْم.	ما بَكْتِب رِسالَة كُلّ يَوْم.
EGYPTIAN	بَكْتِب جَواب كُلّ يَوْم.	ما بَكْتِبْش جَواب كُلّ يَوْم. مِش بَكْتِب جَواب كُلّ يَوْم.
PALESTINIAN	بَكْتُب رِسالَة كُلّ يَوْم.	ما بَكْتُب رِسالَة كُلّ يَوْم.
JORDANIAN	بَكْتُب رِسالَة كُلّ يَوْم.	ما بُكْتُب رِسالَة كُلّ يَوْم.
LEBANESE	بَكْتُب رِسالِة كِلّ يَوْم.	ما بَكْتُب رِسالِة كِلّ يَوْم.
SYRIAN	بَكْتُب رِسالِة كِلّ يَوْم.	ما بُكْتُب رِسالِة كِلّ يَوْم.
IRAQI	آكْتِب رِسالِة كِلّ يَوْم.	ما أَكْتُب رِسالَة كُلّ يَوْم.
QATARI	كِلّ يوْم آكْتِب رِسالَة.	ما أَكْتِب رِسالِة كِلّ يَوْم.
BAHRAINI	آكْتِب رِسالَة كِلّ يَوْم.	ماكْتِب رِسالَة كِلّ يَوْم.
SAUDI	أَنا أَكْتُب رِسالَة كُلّ يَوْم.	ما أَكْتُب رِسالَة كُلّ يَوْم.
YEMENI	(بَيْن) أَكْتُب رِسالَة كُلّ يَوْم.	ما بَيْن أَكْتُبْش رِسالَة كُلّ يَوْم.

Present Continuous

	🎧 229 I am writing a letter now.	🎧 230 I am <u>not</u> writing a letter now.
MSA	أَكْتُبُ رِسالَةً الآنَ.	لا أَكْتُبُ رِسالَةً الآنَ.
MOROCCAN	كَنْتِكْتْب رِسالَة دابا.	ماكانتِكْبْش رِسالَة دابا.
ALGERIAN	نِكْتِب رِسالَة ذوْك.	ما نِكْتِبْش رِسالَة ذوْك.
TUNISIAN	نِكْتِب (في) جْواب تَوَّا.	مانيش نِكْتِب (في) جْواب تَوَّا.
SUDANESE	بَكْتِب في رِسالَة هَسِّي.	ما بَكْتِب رِسالَة هَسِّي.
EGYPTIAN	بَكْتِب جَواب دِلْوَقْتِي.	ما بَكْتِبْش جَواب دِلْوَقْتِي.
PALESTINIAN	بَكْتُب رِسالَة هَلَّأ.	مابَكْتُب رِسالَة هَلَّأ.
JORDANIAN	قَاعِد بَكْتُب رِسالَة.	مِش قَاعِد بَكْتُب رِسالَة هَلَّا.
LEBANESE	عَم بِكْتُب رِسالَة هَلَّأ.	ما عَم بِكْتُب رِسالَة هَلَّأ.
SYRIAN	عَم بِكْتُب رِسالَة هَلَّأ.	ما عَبِكْتُب رِسالَة هَلَّأ.
IRAQI	قَاعِد أَكْتُب رِسالَة هَسَّه.	مَجاي أَكْتُب رِسالَة هَسَّه.
QATARI	قَاعِد أَكْتُب رِسالَة.	مَا بْقَاعِد أَكْتُب رِسالَة.
BAHRAINI	آكْتِب رِسالَة الحِّيْن.	ماكْتِب رِسالَة الحِّيْن.
SAUDI	أَنا بَأكْتُب رِسالَة دحين.	ما باكْتُب رِسالَة دحين.
YEMENI	بَيْن أَكْتُب رِسالَة ذَلْحين.	ما بَيْن أَكْتُبْش رِسالَة ذَلْحين.

Syrian: ...عَـ ما is a contraction of ما عَم.

Future Tense

	🎧 231 I will write a letter tomorrow.	🎧 232 I will <u>not</u> write a letter tomorrow.
MSA	سَأَكْتُبُ رِسالَةً غَدًا.	لَنْ أَكْتُبَ رِسالَةً غَدًا.
MOROCCAN	غادي نِكْتِب غِدّا رِسالَة.	ماغاديش نِكْتِب غِدّا رِسالَة.
ALGERIAN	نِكْتِب رِسالَة غِدْوا.	ما نِكْتِبْش رِسالَة غِدْوا.
TUNISIAN	باش نِكْتِب جْواب غُدْوا.	مانيش باش نِكْتِب جْواب غُدْوا. مانيش كاتِب جْواب غُدْوا.
SUDANESE	حَكْتِب رِسالَة بُكْرَة.	بُكْرَة ما حَكْتِب رِسالَة.
EGYPTIAN	هَكْتِب جَواب بُكْرَة.	مِش هَكْتِب جَواب بُكْرَة.
PALESTINIAN	بُكْرا رَاح أَكْتُب رِسالَة.	ما راح أَكْتُب رِسالَة بُكْرا.
JORDANIAN	راح أَكْتُب رِسالَة بُكْرا.	ما راح أَكْتُب رِسالَة بُكْرا.
LEBANESE	رَح إكْتُب رِسالِة بُكْرا. حَإكْتُب رِسالِه بُكْرا.	ما حَإكْتُب رِسالِة بُكْرا.
SYRIAN	رَح إكْتُب رِسالِة بُكْرا.	ما رَح إكْتُب رِسالِة بُكْرا.
IRAQI	رَح أَكْتِب رِسالَة باچِر.	ما رَح أَكْتِب رِسالَة باچِر.
QATARI	باچِر باكْتِب رِسالَة. راح أَكْتِب رِسالَة باچِر.	ما راح أَكْتِب رِسالَة باچِر.
BAHRAINI	باكْتِب رِسالَة باچِر.	ما باكْتِب رِسالَة باچِر.
SAUDI	حاكْتُب رِسالَة بُكْرا.	ما حاكْتُب رِسالَة بُكْرا.
YEMENI	شاكْتُب رِسالَة غُدْوَة. عَد اكتب رِسالَة غُدْوَة.	ما شاكْتُبْش رِسالَة غُدْوَة. ما عَد أَكْتُبْش رِسالَة غدوَة.

Verbs of Motion

In most dialects (the notable exception being Saudi), the present continuous* of a verb of motion (*go, come, walk, run*) is not expressed using the imperfect tense, rather an active participle. An active participle is grammatically an adjective, agreeing with the subject in gender and number, and taking the same negation as is used in equational sentences.

	🎧 233 He is going.	🎧 234 He is not going.
MSA	إنَّهُ ذاهِب.	إنَّهُ غَيْرُ ذاهِبٍ.
MOROCCAN	راه غادي. راه ماشي.	راه ماغاديش. راه ماماشيش.
ALGERIAN	أهُوْ رايِح.	ماهوش رايح.
TUNISIAN	هُوَ ماشي.	ماهوش ماشي.
SUDANESE	هُوَّ ماشي.	هُوَّ ما ماشي.
EGYPTIAN	هُوَّ رايِح.	هُوَّ مِش رايِح.
PALESTINIAN	هُوَّ رايِح.	هُوَّ مِش رايِح.
JORDANIAN	هُوَّ رايِح.	هُوَّ مِش رايِح.
LEBANESE	هُوَّ رايِح.	هُوَّ مِش رايِح.
SYRIAN	هُوَّ رايِح.	هُوَّ ما رايِح. هُوَّ مو رايِح. هُوَّ مانو رايِح.
IRAQI	هُوَ رايِح.	هُوَ ما رايِح.
QATARI	هو رايِح.	هو مُب رايِح.
BAHRAINI	أهو رايِح.	أهو مو رايِح.
SAUDI	هُوَّ بيروح.	هُوَّ ما بيروح.
YEMENI	قدو سايِر. قدو سايْري.	ما عَدوش سايْري.

* 'Present continuous' is used here to refer to verbs which express an action ongoing at the present moment. On the following page, we compare how verbs of motion are used differently depending on whether the action is habitual or happening at the present moment.

Present Habit and Present Continuous

	🎧 235 I go to school every day.	🎧 236 I am going to school now.
MSA	أَذْهَبُ إِلَى المَدْرَسَةِ كُلَّ يَوْمٍ.	أنا ذاهِبٌ إلى المَدْرَسَةِ الآنَ.
MOROCCAN	كَنِمْشي لِلْمَدْرَسَة كُل نْهار.	أنا غَنِمْشي دابا لِلْمَدْرَسَة.
ALGERIAN	نْروح لِلْمَدْرَسَة كُل يوم.	أنا راني رايح لِلْمَدْرَسَة ذوْك.
TUNISIAN	نِمْشي لِلْمَكْتِب كُلّ يوم.	ماشي لِلْمَكْتِب تَوَّا.
SUDANESE	أنا بمْشي المَدْرَسَة كُلّ يوْم.	أنا هَسّي ماشي المَدْرَسَة.
EGYPTIAN	بَروح المَدْرَسَة كُلّ يوْم.	أنا رايح المَدْرَسَة دِلْوَقْتي.
PALESTINIAN	بَروح عَ المَدْرَسَة كُلّ يوْم.	أنا رايح عَ المَدْرَسَة هَلّأ.
JORDANIAN	بْروح عَ المَدْرَسَة كُلّ يوْم.	أنا رايح عَ المَدْرَسَة هَلّأ.
LEBANESE	بْروح عَ المَدْرَسَة كِلّ يوْم.	أنا هَلّأ رايح عَ المَدْرَسَة.
SYRIAN	بْروح عَ المَدْرَسَة كِلّ يوْم.	أنا رايح عَ المَدْرَسَة هَلّأ.
IRAQI	أروح لِلْمَدْرَسَة كُل يوْم.	رايح لِلْمَدْرَسَة هَسَّه.
QATARI	كِلّ يوْم روح المَدْرَسَة.	أنا بَروح المَدْرَسَة الْحين.
BAHRAINI	أروح المَدْرَسَة كِلّ يوْم.	آنا بَروح المَدْرَسَة الحيّن.
SAUDI	أروح المَدْرَسَة كُلّ يوْم.	أنا رايح المَدْرَسَة دحين.
YEMENI	أسير المَدْرَسَة كُلّ يَوْم.	أنا سايِر المَدْرَسَة ذَلْحين.

Past and Future

	🎧 237 I went to school yesterday.	🎧 238 I will go to school tomorrow.
MSA	ذَهَبْتُ إِلَى الْمَدْرَسَةِ أَمْس.	سَوْفَ أَذْهَبُ إِلَى الْمَدْرَسَةِ غَدًا.
MOROCCAN	مْشيت الْبارِح لِلْمَدْرَسَة.	غادي نِمْشي غِدّا لِلْمَدْرَسَة.
ALGERIAN	رِحْت لِلْمَدْرَسَة الْبارِح.	نْروْح لِلْمَدْرَسَة غدْوا.
TUNISIAN	مْشيت لِلْمَكْتب الْبارِح.	باش نِمْشي لِلْمَكْتب غُدْوا. ماشي لِلْمَكْتب غُدْوا.
SUDANESE	أَنا أُمْبارِح مَشيت اَلْمَدْرَسَة.	أَنا بُكْرَة بمْشي اَلْمَدْرَسَة.
EGYPTIAN	رُحْت اِلْمَدْرَسَة إِمْبارِح.	أَنا رايِح اِلْمَدْرَسَة بُكْرَة. هَروح اِلْمَدْرَسَة بُكْرَة.
PALESTINIAN	إِمْبارِح رُحِت عَ الْمَدْرَسَة.	بُكْرا راح أَروح عَ الْمَدْرَسَة.
JORDANIAN	رُحِت عَلى الْمَدْرَسَة إِمْبارِح.	راح روح عَلى الْمَدْرَسَة بُكْرا.
LEBANESE	رِحِت عَ الْمَدْرَسَة مْبارِح.	حَروح عَ الْمَدْرَسِة بُكْرا.
SYRIAN	رِحِت عَ الْمَدْرَسِة إِمْبارْحَة.	رَح روح بُكْرا عَ الْمَدْرْسِة.
IRAQI	رِحِت لِلْمَدْرَسَة اِلْبارْحَة.	رَح أَروح لِلْمَدْرَسَة باچِر.
QATARI	أَمْس رِحْت الْمَدْرْسَة.	باچِر بَروح الْمَدْرْسَة.
BAHRAINI	رُحْت الْمَدْرَسَة أَمْس.	باچِر باروح الْمَدْرَسَة.
SAUDI	رُحْت الْمَدْرَسَة أَمْس.	حاروح الْمَدْرَسَة بُكْرا.
YEMENI	سِرْت اَلْمَدْرَسَة أَمْس.	عَد أَسير اَلْمَدْرَسَة غُدْوَة.

More on Verbs
Want

	🎧 239 I want a book.	🎧 240 I want it.
MSA	أُرِيدُ كِتَابًا.	أُرِيدُهُ.
MOROCCAN	بْغِيْت واحِد لِكْتاب.	بْغِيْتو.
ALGERIAN	حَبِّيت كْتاب.	حَبِّيتو.
TUNISIAN	نْحِبّ كْتاب	نْحِبُّو. نْحِبّ عْليه.
SUDANESE	أنا دايِر كِتاب. أنا عاوِز كِتاب.	أنا دايْرو.
EGYPTIAN	عايِز كِتاب.	عايْزُه.
PALESTINIAN	بدّي كْتاب.	بدّي ياه.
JORDANIAN	بدّي كْتاب	بدّي ياه.
LEBANESE	بدّي كْتاب.	بدّي ياه.
SYRIAN	بَدّي كْتاب	بَدّي ياه.
IRAQI	أَرِيد كِتاب	أَرِيدَه.
QATARI	آبِي كِتاب	آبِيه.
BAHRAINI	أَبِّي كْتاب	أَبِّيه.
SAUDI	أَبْغَى كِتاب.	أَبْغَاه.
YEMENI	أَشْتِي كِتاب.	أَشْتِيه.

The Moroccan and Algerian words for *want* are grammatically past tense but with present meaning.

An object pronoun suffix cannot be added to بدّي in the Levantine dialects. Instead, the suffix is added to the filler particle يا.

When the third-person masculine singular pronoun suffix (*him/it*) is pronounced /u/, some people write و while others write ـُه.

	🎧 241 I want to read the book.	🎧 242 I don't want to go to school.
MSA	أُريدُ أَنْ أَقْرَأَ الْكِتابَ.	أنا لا أُريدُ أَنْ أَذْهَبَ إِلَى الْمَدْرَسَةِ.
MOROCCAN	بْغيْت نقْرا الكْتاب.	مابْغيْتْش نمْشي للْمَدْراسَة.
ALGERIAN	حَبّيت نَقْرا الكْتاب.	ما حَبّيتِش نْروح للْمَدْرَسَة.
TUNISIAN	نْحِبّ نَقْرا الكْتاب.	مانْحِبِّش نِمْشي للْمَكْتِب.
SUDANESE	أَنا دايِر أَقْرا الْكِتاب.	أَنا ما عاوِز أَمْشي الْمَدْرَسَة.
EGYPTIAN	عايِز أَقْرا الْكِتاب.	أَنا مِش عاوِز أَروح الْمَدْرَسَة.
PALESTINIAN	بِدّي أَقْرَأ الْكِتاب.	ما بِدّي أَروح عَالْمَدْرَسَة. بِدّيش أَروح عَالْمَدْرَسَة.
JORDANIAN	بِدّي أَقْرَأ الْكِتاب.	أَنا ما بِدّي روح عَ الْمَدْرَسَة.
LEBANESE	بَدّي إقْرا الْكِتاب.	ما بَدّي روح عَ الْمَدْرَسَة.
SYRIAN	مابِدّي أَقْرا الْكِتاب.	مابِدّي روح عَ الْمَدْرَسَة.
IRAQI	أَريد أَقْرا الْكِتاب.	ما ريد أَروح لِلْمَدْرَسَة.
QATARI	آبي أَقْرا الْكِتاب.	مابي أَروح الْمَدْرَسَة.
BAHRAINI	أَبّي أَقْرا الْكِتاب.	مابي أَروح المَدْرَسَة.
SAUDI	أَبْغَى أَقْرا الْكِتاب.	ما أَبْغَى أَروح الْمَدْرَسَة.
YEMENI	أَشْتي أَقْرا الْكِتاب.	مَشْتيش أَسير الْمَدْرَسَة.

In English, an infinitive verb (with or without *to*) follows verbs like *want, can, need*. In Arabic, it is a bare imperfect (see p. 73) conjugated according to the subject. *I want to read* is literally *I want I read*. And, as we can see on the next page, *I can run* is *I can I run*.

Can

	🎧 243 I can run fast.	🎧 244 I can't understand this.
MSA	أَسْتَطِيعُ أَنْ أَجْرِيَ بِسُرْعَةٍ.	لا أَسْتَطِيعُ أَنْ أَفْهَمَ هَذا.
MOROCCAN	نِقْدَر نِجْري بِسُرْعَة. نِقْدَر نِجْري بِزَّرْبَة.	ماقْدِرْتِش نِفْهَم هادْشي.
ALGERIAN	نَقْدَر نِجْري بِسُرْعَة.	ما نِقْدَرْش نِفْهِم هَذا.
TUNISIAN	نَجَّم نِجْري بَرْشا.	ما نَجَّمْش نِفْهَم هاذا. ما نَجَّمْش نِفْهَمو هاذا.
SUDANESE	أَنا بَقْدِر أَجْري بِسُرْعَة.	أَنا ما قادِر أَفْهَم دا.
EGYPTIAN	أَنا بَعْرِف أَجْري بِسُرْعَة.	أَنا مِش قادِر أَفْهَم دَه.
PALESTINIAN	بَقْدَر أَجْري بِسُرْعَة.	مِش قادَر أَفْهَم هادا.
JORDANIAN	بَقْدَر أَرْكُض بِسُرْعَة.	ما بَقْدِر إفْهَم هاذ.
LEBANESE	فيني أَرْكُض بِسُرْعَة.	ما عَم بِقْدِر إفْهَم هَيْدا.
SYRIAN	بِقْدِر أَرْكُض بِسُرْعَة.	ما بِقْدِر إفْهَم هَيْدا.
IRAQI	أَقْدَر أَرْكِض بِسُرْعَة.	ما اقْدَر إفْتِهِم هاذَ.
QATARI	أَقْدَر أَرْكِض بِسُرْعَة.	ما أَقْدَر أَفْهَم هاي.
BAHRAINI	أَقْدَر أَرْكِض بِسُرْعَة.	ما افْهَم ذي.
SAUDI	أَقْدَر أَجْري بِسُرْعَة.	ماني قادِر أَفْهَم هادا.
YEMENI	أَقْدِر أَجْري بِسُرْعَة.	ما أَقْدِرْش أَفْهَم هَذا.

The Levantine dialects, as seen in the Lebanese example above, have, in addition to a verb meaning *can,* an alternative construction: فِي, to which a pronoun is suffixed.

Besides being examples of affirmative and negative usage, the two examples above differ in another important way. The example *I can run fast* expresses a general ability. The example *I can't understand this* expresses a present (perhaps temporary) truth. Several dialects use a present participle instead of an imperfect verb in the latter case.

Have

	🎧 245 I have a new car.	🎧 246 I don't have a big house.
MSA	لَدَيَّ سَيَّارَة جَدِيدَة. عِنْدِي سَيَّارَة جَدِيدَة.	لَيْسَ لَدَيَّ مَنْزِل كَبِير.
MOROCCAN	عِنْدِي طوموبيل جْديدة.	ماعِنْدِيش دار كْبيرة.
ALGERIAN	عِنْدِي كَرّوسة جْديدة.	ما عِنْدِيش دار كْبير.
TUNISIAN	عَنْدِي كَرْهْبَة جَديدَة.	ماعَنْدِيش دار كْبيرَة.
SUDANESE	أَنا عِنْدِي عَرَبِيَّة جَدِيدَة.	أَنا ما عِنْدِي بيت كَبِير.
EGYPTIAN	عَنْدِي عَرَبِيَّة جِديدة.	أَنا مَعَنْدِيش بيت كِبير.
PALESTINIAN	عِنْدِي سَيَّارَة جْديدة.	ما عِنْدِي دار كْبيرة. مَعَنْدِيش دار كْبيرة.
JORDANIAN	عِنْدِي سَيَّارَة جْديدة.	ماعِنْدِي بيت.
LEBANESE	عِنْدِي سَيَّارَة جْديدة.	ما عِنْدِي بيت كْبير.
SYRIAN	عِنْدِي سَيَّارَة جْديدة.	ما عِنْدِي بَيْت كْبير.
IRAQI	عِنْدِي سَيَّارَة جَدِيدَة.	ماعِنْدِي بيت چِبير.
QATARI	عِنْدِي سِيَّارَة يِديدَة/جْديدَة. عِنْدِي موتر يْديد/جْديد.	ماعِنْدِي بيت كبير.
BAHRAINI	عِنْدِي سَيَّارَة يِديدة.	ما عِنْدِي بيت كْبير.
SAUDI	عِنْدِي سَيَّارَة جَديدة.	ما عِنْدِي بيت كْبير.
YEMENI	مَعِي سَيَّارَة جَديدَة.	ما بِش مَعِي بَيْت كبير.

Besides demonstrating how to say *have,* the examples on the left above show the adjective for *new* in its feminine form, with the suffix ة. This is pronounced with a *fatha* (َ /-a/) in all dialects except three (Levantine) dialects, in which ة is generally pronounced with a *kasra* (ِ /-i/).

	I have two brothers and one sister. 247	Do you have a pen on you? 248
MSA	لَدَيَّ أَخَوان وأُخْتٌ واحِدَة.	هَلْ لَدَيْكَ قَلَم؟ هَلْ مَعَكَ قَلَم؟
MOROCCAN	عِنْدي جوج خوتي و اختي وِحْدَة.	واش عِنْدَك قَلَم؟
ALGERIAN	عِنْدي زوج خاوا و خيت وِحْدَة.	عِنْدك قَلَم؟
TUNISIAN	عَنْدي زوز أُخْوَة وْلاد و أُخْت واحِدَة.	عَنْدك سْتيلو؟ عَنْدِكْشي سْتيلو؟
SUDANESE	أَنا عِنْدي أَخَوَيْن وَ أُخْت واحِدَة.	مَعاك قَلَم؟
EGYPTIAN	عَنْدي أَخَيّن وأُخْت واحْدَة.	مَعاك قَلَم؟
PALESTINIAN	عِنْدي اِتْنيْن إِخْوَة وأُخْت وَاحْدَة.	مَعَك قَلَم؟
JORDANIAN	عِنْدي أَخَيّن و أُخْت واحِدة.	مَعَك قُلَم؟
LEBANESE	عِنْدي خَيّيْن و إِخْت.	مَعَك قَلَم؟
SYRIAN	عِنْدي إخَيّن و إخْت وَحْدَة.	مَعَك قَلَم؟
IRAQI	عِنْدي اخوان إثْنين و أُخْت وَحْدَة.	عِنْدَك قَلَم؟
QATARI	عِنْدي أَخَيّن و أُخْت.	مَعَك قُلَم؟
BAHRAINI	عِنْدي أَخْوان إثْنين و إخْت وَحْدَة.	عِنْدَك قُلَم؟
SAUDI	عِنْدي أَخَيّن وأُخْت وَحْدَة.	عِنْدَك قَلَم؟
YEMENI	مَعي اِثْنَيْن أُخْوَة وأُخْت واحْدة.	مَعاك قَلَم؟ بِه مَعاك قَلَم؟

There is...

🎧 249 — There is a tree in the garden.
🎧 250 — There aren't any eggs in the refrigerator.

	There is a tree in the garden.	There aren't any eggs in the refrigerator.
MSA	هُناكَ شَجَرة في الحَديقَةِ. توجَدُ شَجَرة في الحَديقَةِ.	لا يوجَدُ أيُّ بَيْضٍ في الثَّلاجَةِ.
MOROCCAN	كاينَة واحْد الشَّجْرَة في الحَديقَة.	ماكايْنْش البْيض في الثَّلاجَة.
ALGERIAN	كايِن شِجَرة في الْحَديقَة.	ما كايِن حَتّى بيض في الفْريجيدار.
TUNISIAN	فَمَّا شُجْرَة في الجْنينَة.	ما فمّاش عْظَم في الفريجيدار.
SUDANESE	في شَجَرة في الْحَديقَة.	ما في أيّ بَيْض في التَّلاجَة.
EGYPTIAN	فيه شَجَرَة في الجِنَيْنَة.	مَفيش وَلا بيْضَة في التَّلاجَة.
PALESTINIAN	في شَجَرَة بْالجْنينَة.	ما في بيْض بالتَّلاجَة. فِش بيْض بالتَّلاجَة.
JORDANIAN	هُناك في شَجَرة في الْحَديقَة. في شَجَرة في الْحَديقَة.	مافي بيْض في الثلاجةِ.
LEBANESE	في شَجْرَة بْالجُنَيْنَة.	ما في بيْض بالبْرّاد.
SYRIAN	في شُجْرَة بْالجُنَيْنَة.	ما في بيْض بالبْرّاد.
IRAQI	أكو شَجْرَة بالْحَديقَة.	ماكو بيْض بالثَّلاجَة.
QATARI	في چيرة في الْحَديقَة.	ما في بيْض في الثَّلاجَة.
BAHRAINI	في شيرَة في الحَديقَة.	ما في بيْض في الثَّلاجَة.
SAUDI	في شَجَرة في الْحَديقَة.	ما في أيّ بيْض في التَّلاجَة.
YEMENI	هاناك شَجَرة في الْحَديقَة. بِه هاناك شَجَرة في الْحَديقَة.	ما بِش بَيْض في الثَّلاجَة.

Questions

Here, we look at yes/no questions. On the following pages, we have the question words (what, where, etc.), each with an example sentence.

Yes/No Questions

	🎧 251 Did you write this letter?	🎧 252 Do you speak Arabic?
MSA	هَلْ كَتَبْتَ هَذِهِ الرِّسَالَةَ؟	هَلْ تَتَحَدَّثُ العَرَبِيَّةَ؟
MOROCCAN	واش كْتِبْتي هاد الرِّسالة؟	واش كْتَهْدَر العَرْبِيَّة؟ واش كْتْكَلَّم العَرْبِيَّة؟
ALGERIAN	كْتِبْت هَذي الرِّسَالَة؟	تَهْدَر إنْتَ العَرْبِيَّة؟
TUNISIAN	كْتِبْت الجُواب هاذا؟ كْتِبْتْشي الجُواب هاذا؟	تِتْكَلَّم بالعَرْبي؟
SUDANESE	إنْتَ كَتَبْتَ الرِّسَالَة دي؟	إنْتَ بِتْكَلَّم عَرَبي؟
EGYPTIAN	إنْتَ كَتَبْتَ الرِّسَالَة دي؟	بِتْكَلَّم عَرَبي؟
PALESTINIAN	إنْتَ كَتَبْتَ هادي الرِّسَالَة؟	بْتِحْكي عَرَبي؟
JORDANIAN	كَتَبْت هاي الرِّسَالَة؟	بْتِحْكي عَرَبي؟
LEBANESE	هَلّا كَتَبْت هَيْدي الرِّسَالَة؟	بْتِحْكي عَرَبي؟
SYRIAN	إنْتَ كَتَبْت هالرِّسالة؟	بْتِحْكي عَرَبي؟
IRAQI	كَتَبْت إنْتَ هاي الرِّسالِة؟	تِحْچي عَرَبي؟
QATARI	إنْتَ كَتَبْت ها الرِّسَالَة؟	تِتْكَلَّم عَرَبي؟
BAHRAINI	إنْتَ كَتَبْت هَذي الرِّسَالَة؟	تِتْكَلَّم عَرَبي؟
SAUDI	إنْتَ كَتَبْت هَادي الرِّسَالَة؟	إنْتَ تِتْكَلَّم عَرَبي؟
YEMENI	أنْتَ كَتَبْت هَذي الرِّسَالَة؟	بْتِتْحاكى عَرَبي؟

Most dialects do not have a question particle like MSA's هل and أ, Moroccan being an exception. Egyptian has the sometimes-used هُوَّ. Other dialects rely purely on intonation, rather than an auxiliary word or altered word order.

	🎧 253 yes	🎧 254 no
MSA	نَعَمْ	لا
MOROCCAN	نَعَم آه	لا
ALGERIAN	أيْه وي	لالا نوْ
TUNISIAN	أيْه أَي	لا
SUDANESE	أَيْوَه	لا
EGYPTIAN	أَيْوَة	لَأ
PALESTINIAN	آه	لَأ
JORDANIAN	آه	لَأ
LEBANESE	أيْه	لا
SYRIAN	أيْه	لَأ
IRAQI	إيه	لا
QATARI	نَعَم أيْ	لا
BAHRAINI	أيْ أَيْوَة	لأ
SAUDI	إيوَه	لا
YEMENI	أَيْوَة	ماشي

Algerian: from French *oui, non*

Question Words
What

	🎧 255 what	🎧 256 What is this?	🎧 257 What are you doing?
MSA	ماذا / ما	ما هَذا؟	ماذا تَفْعَلُ؟
MOROCCAN	شْنوْ / آه أَشْنوْ / أَشـ	أَشْنوْ هادا؟ شْنوْ هادا؟	أَشْكادّير؟ أَشْنوْ كَتَعْمِل؟ أَش راك كادّير؟
ALGERIAN	واش واشِن	واش هَذا؟ واشِن هَذا؟	واش راك إدّير؟ واشِن راك إدّير؟
TUNISIAN	شْنوّا / فاش	شْنوّا هاذا؟	فاش تَعْمَل؟
SUDANESE	شِنو	دا شِنو؟	بِتَعْمَل شِنو؟
EGYPTIAN	أيْه	أيْه دَه؟	بِتِعْمِل أيْه؟
PALESTINIAN	شو أيْش	شو هادا؟ أيْش هادا؟	شو بْتِعْمِل؟ أيْش بْتِعْمِل؟
JORDANIAN	شو	شو هاد؟	شو بْتِعْمِل؟
LEBANESE	شو	شو هَيْدا؟	شو عَم تَعْمِل؟
SYRIAN	شو	شو هَيْدا؟	شو عَم تْسَوّي؟
IRAQI	شِنو شـ	شِنو هَاذا؟	شْدِتْسَوّي؟
QATARI	شِنو / شو / شـ	شِنو هاي؟	شِتْسَوّي؟ شِنو قُاعد تْسَوّي؟
BAHRAINI	شِنو	شِنو ذا؟	شِتْسَوّي؟ شِنو تْسَوّي؟
SAUDI	أيْش	أيْش هادا؟	أيْش بِتْسَوّي؟
YEMENI	ما هوْ	ما هوْ هَذا؟	ما بْتِفْعَل؟

MSA: ما is used in nominal sentences, while ماذا is used in verbal sentences. Other dialects do not make this distinction.

Who

	🎧 258 who	🎧 259 Who are you?
MSA	مَنْ	مَنْ أَنْتَ؟
MOROCCAN	شْكون	شْكون انْتا؟
ALGERIAN	شْكوْن	شْكون انْتَ؟
TUNISIAN	شْكون	شْكونِك (إنْتِ)؟
SUDANESE	مِنو	إنْتَ مِنو؟
EGYPTIAN	مين	إنْتَ مين؟
PALESTINIAN	مين	مين إنْتَ؟
JORDANIAN	مين	مين إنْتَ؟
LEBANESE	مين	مين إنْتَ؟
SYRIAN	مين	مين إنْتَ؟
IRAQI	مِنو	مِنو إنْتَ؟
QATARI	مِنو	مِنو إنْتَ؟
BAHRAINI	مِن مِنو	مِن إنْتَ؟ مِنو إنْتَ؟
SAUDI	مين	مين إنْتَ؟
YEMENI	مَن	مَن أَنْتَ؟

Where

	🎧 260 where	🎧 261 Where are you?
MSA	أَيْنَ	أَيْنَ أَنْتَ؟
MOROCCAN	فين إِنا بْلاصَة	فين انْتا؟ فين راك انْتا؟
ALGERIAN	وين	وين راك؟
TUNISIAN	وين فين	وينِك؟ فينِك؟
SUDANESE	وِيْن	إنْتَ وِيْن؟
EGYPTIAN	فيْن	فيْنَك؟
PALESTINIAN	وِيْن	وِيْن إنْتَ؟
JORDANIAN	وِيْن	إنْتَ وِيْنَك؟
LEBANESE	وِيْن	وِيْن إنتَ؟ وِيْن إنْتَ؟
SYRIAN	وَيْن	وَيْن إنْتَ؟
IRAQI	وِيْن	وِيْن إنْتَ؟
QATARI	وِيْن	وِينِك؟ وِيْن إنْتَ؟
BAHRAINI	وِيْن	وِيْن إنْتَ؟
SAUDI	فين	إنتَ فينك؟ فينك إنتَ؟
YEMENI	أَيْنَ وَيْن	أَيْنَ أَنْتَ؟ وَيْن أَنْتَ؟

	🎧 262 where to	🎧 263 Where are you going?
MSA	إِلَى أَيْنَ	إِلَى أَيْنَ أَنْتَ ذاهِب؟
MOROCCAN	تا لين فين	فين راك غادي انْتا؟
ALGERIAN	وين (بها)	وين راك رايِح؟
TUNISIAN	لْوين لْفين	لْوين ماشي؟ لْفين ماشي؟
SUDANESE	عَلَى وينْ	ماشي وينْ؟
EGYPTIAN	على فينْ	إِنْتَ رايِح فين؟
PALESTINIAN	وينْ	وينْ رايِح؟
JORDANIAN	عَلَى وينْ	وينْ رايِح؟
LEBANESE	لَوينْ	لَوينْ إِنْتَ رايِح؟
SYRIAN	لَوَينْ	لَوَينْ رايِح؟
IRAQI	لُوينْ	لُوينْ رايِح؟
QATARI	عَلَى وين	وينْ رايِح؟
BAHRAINI	لَوينْ	وينْ بِتْروح؟
SAUDI	على فين	رايِح فين؟ فين رايِح؟
YEMENI	إِلَى أَيْنْ	وينْ عَتْسير؟

Notice that the forms (on the left) often differ from those used in a sentence (with a verb of motion). The isolated form is what a taxi driver might ask when you get in: *"Where to?"*

	🎧 264 from where	🎧 265 Where are you from?
MSA	مِنْ أَيْنَ	مِنْ أَيْنَ أَنْتَ؟
MOROCCAN	مْنين	منين انْتا؟
ALGERIAN	مْنين	مْنين انْتَ؟
TUNISIAN	مِن وين مِن فين	مِن وين إنْتِ؟
SUDANESE	مِن ويْن	إنْتَ مِن ويْن؟
EGYPTIAN	مِنيْن	مِنيْن إنْتَ؟
PALESTINIAN	مِن وين	مِن وين إنْتَ؟
JORDANIAN	مِن وين	مِن وين إنْتَ؟
LEBANESE	مِن وين	مِن وين إنْتَ؟
SYRIAN	مِن وَيْن	إنْتَ مِن وَيْن؟
IRAQI	مِن وين	مِن وين إنْتَ؟
QATARI	مِن ويْن	مِن ويْن إنْت؟ إنْتَ مِن ويْن؟
BAHRAINI	مِن ويْن	مِن ويْن إنْتَ؟
SAUDI	مِن فين	إنْتَ مِن فين؟ مِن فين إنت؟
YEMENI	مِن أَيْن	مِن أَيْن أَنْتَ؟

When

	🎧 266 — when	🎧 267 — When did you buy that car?
MSA	مَتَى	مَتَى اشْتَرَيْتَ تِلْكَ السَّيَّارَةُ؟
MOROCCAN	إِمْتا	إِمْتا شْريتي ديك طوموبيل؟
	فوقاش	فوقاش شْريتي ديك طوموبيل؟
ALGERIAN	وَقْتاش	وَقْتاش شْريت هَذيك الكَرّوسَة؟
TUNISIAN	وَقْتاش	وَقْتاش شْريت الكَرْهبَة هاذيكا؟
SUDANESE	مِتيْن	اِشْتَرَيْت اَلعَرَبيَّة ديك مِتيْن؟
EGYPTIAN	إِمْتَى	إِنْتَ اشْتَرَيْت العَرَبيَّة دي إِمْتَى؟
PALESTINIAN	إيمْتى	إيمْتى شَرَيْت هَديك السَّيَّارَة؟
	وَقْتيْش	وَقْتيْش شَرَيْت هَديك السَّيَّارَة؟
JORDANIAN	مَتى	مَتى اِشْتَرَيْت هَي السِّيَارَة؟
LEBANESE	أَيمَّتى	أَيمَّتى اشْتَرَيْت هَي السَّيَّارَة؟
SYRIAN	أَيمْتى	مِن أَيمْتى شْتَرَيْت هَي السِّيَارَة؟
	أَيمْتى	مِن أَيمْتى شْتَرَيْت هَي السِّيَارَة؟
IRAQI	شْوَقْت	شْوَقْت اِشْتَرَيْت ذيچ السَّيَّارَة؟
QATARI	مَتى	مَتى شَرَيْت هالسِّيَّارَة؟
		مَتى شَرَيْت هالْموتر؟
BAHRAINI	إِمِّتى	إِمِّتى شَرَيْت ذيچ السَّيَّارَة؟
SAUDI	مِتى	مِتى اشْتَرَيْت هاديك السَّيَّارَة؟
YEMENI	أَيْ حين	أَيْ حين اِشْتَرَيْت تَيْك اَلسَّيَّارَة؟

Why

	🎧 268 why	🎧 269 Why are you learning Arabic?
MSA	لِماذا	لِماذا (أَنْتَ) تَتَعَلَّمُ اللُّغَةَ العَرَبِيَّةَ؟
MOROCCAN	أَعْلاش	أَعْلاش إِنْتَ كَتْعْلَم اللُّغَة العَرَبِيَّة؟
ALGERIAN	وَعْلاش	وَعْلاش إِنْتَ راك تِتْعَلَّم العَرْبِيَّة؟
TUNISIAN	عْلاش	عْلاش تَقْرا في العَرْبي؟
SUDANESE	لِشْنو ليه	إِنْتَ بِتْعَلَّم عَرَبي ليه؟
EGYPTIAN	ليه	إِنْتَ ليه بِتِتْعَلَّم عَرَبي؟
PALESTINIAN	لِيْش	لِيْش بْتِتْعَلَّم عَرَبي؟
JORDANIAN	لِيْش	لِيْش بْتِتْعَلَّم العَرَبي؟
LEBANESE	ليش	ليش عَم تِتْعَلَّم عَرَبي؟
SYRIAN	ليه	ليه عَم تِتْعَلَّم العَرَبي؟
IRAQI	لَيْش	لَيْش تِتْعَلَّم عَرَبي؟
QATARI	لِيْش	لِيْش تِتْعَلَّم عَرَبي؟
BAHRAINI	لِيْش	لِيْش (إِنْتَ) تِتْعَلَّم عَرَبي؟
SAUDI	لِيْش	إِنْتَ لِيْش بِتْعَلَّم عَرَبي؟
YEMENI	لِلْمَه لَيْش	لِلْمَه بْتِتْعَلَّم اللُّغَة العَرَبِيَّة؟ لَيْش بْتِتْعَلَّم اللُّغَة العَرَبِيَّة؟

See p. 109 for *because*.

How

	🎧 270 how	🎧 271 How did you do that?	🎧 272 like this
MSA	كَيْفَ	كَيْفَ فَعَلْتَ ذَلِكَ؟	هَكَذا
MOROCCAN	كيفاش	كيفاش دِرْتي لْهادِشّي؟	بْحال هاكا
ALGERIAN	كيفاش	كيفاش دِرْت هَكَذاك؟	هَكَذا
TUNISIAN	كيفاش	كيفاش عْمَلْت هَكَّا؟	هَكَّا
SUDANESE	كَيْف	عَمَلْتَها كَيْف؟	زَيّ كِدا
EGYPTIAN	إزّاي	إنْتَ عَمَلْت كِدَة إزّاي؟	كِدَه
PALESTINIAN	كَيف	كَيْف عَمِلْت هَيْك؟	هَيْك
JORDANIAN	كَيف	كَيْف عْمِلْت هَيْك؟	هَيْك
LEBANESE	كَيف	كَيْف عْمِلْت هَيْك؟	هَيْك
SYRIAN	كَيف	كَيْف عْمِلْت هَيْك؟	هَيْك
IRAQI	شوْن	شوْن سَوّيت هيچ؟	هيچ
QATARI	شْلوْن	شْلوْن تْسَوّي جِذي؟	چِه
BAHRAINI	شْلوْن	شْلوْن سَوّيتَهْ؟	چِذيه
SAUDI	كَيْف	كَيْف سَوّيت هَادا؟	زَيّ كِدا
YEMENI	كَيْف	كَيْف سبَرّت هاذاك؟ كَيْف فَعَلْت هاذاك؟	هَكَذا هَكَذاك

How Much

	🎧 273 how much	🎧 274 How much money is in your bag?	🎧 275 How much is this?
MSA	كَمْ	كَمْ مِنَ الْمال في حَقيبتِكَ؟	بِكَمْ هَذا؟
MOROCCAN	شْحال	شْحال عِنْدك دْ لْفْلوس في الشْكارَة؟	بِشْحال هادا؟
ALGERIAN	مِشْهال	مِشْهال الدْراهِم في الحَقيبة تاعك؟	مِشْهال هَذا؟
TUNISIAN	قَدَّاش	قَدَّاش فَمَّا فْلوس في ساكك؟	بْقَدَّاش هاذا؟
SUDANESE	كَم	عِنْدَك قُروش كَم في شَنْتِطَك؟	ده بِكَم؟
EGYPTIAN	كام قَدِّ أيْه	إنْتَ مَعاك فِلوس قَدِّ أيْه في شَنْطِتك؟	بِكام دَه؟
PALESTINIAN	كَم قَدّيْش	كَم في مَصاري بْشَنْتَك؟ قَدّيش في مَصاري بْشَنْتَك؟	بْكَم هادا؟
JORDANIAN	كَم	كَم في مَصاري في شَنْتِتك؟	بِكَم هاد؟
LEBANESE	أدّيْه قَدّيْش	أدّيْه في مَصاري بْجِذْدانَك؟	بْقَدّيْش هَيْدا؟
SYRIAN	قَدّيْش	قَدّيْش في بْشَنْتَك مِصرِيّات؟	بْقَدّيْش هَيْدا؟
IRAQI	شْقَد	شْقَد فْلوس بْجَنْطِّك؟	بِشْقَد هاذَ؟
QATARI	كَم	كَم الفْلوس اللّي في شَنْطِتك؟	كَم هاي؟ بْكَم هاي؟
BAHRAINI	چَم شْكِثِر	شْكِثِر بيْزات في الشَّنْطَة؟	بْچَم هَذا؟
SAUDI	كَم	كَم مَعَاك فِلوس في شَنْطَتَك؟	بْكَم هَادا؟ هادا بكم؟
YEMENI	كَم	كَم مَعاك زَلَط في الشَّنْطَة؟	بِكَمْهوْ هَذا؟

How Many

	🎧 276 how many	🎧 277 How many books did you read?
MSA	كَمْ	كَمْ كِتابًا قَرَاتَ؟
MOROCCAN	شْحال	شْحال مِن كْتاب قْرَيتي؟
ALGERIAN	مِشْهال	مِشْهال كْتاب قْريت؟
TUNISIAN	قَدَّاش	قَدَّاش مِن كْتاب قْريتو؟
SUDANESE	بِكَم	إِنْتَ قَرَيْت كَم كِتاب؟
EGYPTIAN	كام	قَرَيْت كام كِتاب؟
PALESTINIAN	كَم قَدّيْش	كَم كْتاب قَريت؟
JORDANIAN	أَكَم أَكَمِّن	أَكَم مِن كْتاب قَرَأَت؟
LEBANESE	كَم	كَم كْتاب قَريت؟
SYRIAN	كَم	كَم كْتاب قْريت؟
IRAQI	شْكَم	شْكَم كِتاب قَريت؟
QATARI	كَم	قَرَيْت كَم كِتاب؟
BAHRAINI	چَم شْكِثِر	چَم كْتاب قْريت؟
SAUDI	كَم	كَم كِتاب قْرَيْت؟
YEMENI	كَم	كَم قَرَيْت كُتُب؟

Which

	🎧 278 which	🎧 279 Which restaurant is better?
MSA	أَيُّ	أَيُّ مَطْعَم أَفْضَلَ؟
MOROCCAN	إِنا	إِنا مَطْعَم كَتْفَضِّل؟
ALGERIAN	وَما أَما	وَما مَطْعَم خيرْ؟ أَما مَطْعَم خيرْ؟
TUNISIAN	أَناهو / أَناهوَّ - أَناهي / أَناهيَّ	أَناهو أَحْسَن رِيسْتورون؟ أَناهوَّ الرِّيسْتورون إلِّي خيرْ؟
SUDANESE	ياتو	ياتو مَطْعَم أَحْسَن؟
EGYPTIAN	أَيّ أَنهي	هُوَّ أَنهي مَطْعَم أَحْسَن؟
PALESTINIAN	أَيّا	أَيّا مَطْعَم أَحْسَن؟
JORDANIAN	أَيّ	أَيّ مَطْعَم أَحْسَن؟
LEBANESE	أَيّ	أَيّ مَطْعَم أَحْسَن؟
SYRIAN	أَيّا	أَيّا مَطْعَم أَحْسَن؟
IRAQI	يا	يا مَطْعَم أَحْسَن؟
QATARI	أَيّ	أَيّ مَطْعَم احْسَن؟
BAHRAINI	أَيّ	أَيّ مَطْعَم أَفْضَل؟
SAUDI	أَيْت أَي	أَي مَطْعَم أَحْسَن؟
YEMENI	أَينّ	أَينّ هوْه الْمَطْعَم الأَحْسَن مِنهَن؟ أَينّ هوْه الْمَطْعَم الأَفْضَل؟

Tunisian has separate forms for masculine and feminine nouns.

Conjunctions

And, Or, But

	🎧 280 and	🎧 281 or	🎧 282 but
MSA	وَ	أوْ	لَكِن
MOROCCAN	و	ولاَّ	وَلَكِن / وَ لايِنّي
ALGERIAN	و	ولاَّ	مي
TUNISIAN	و	ولاَّ / وَ إلَّا	أمّا
SUDANESE	وَ	أوْ	لَكِن / بَس
EGYPTIAN	وِ	أوْ	بَسّ
PALESTINIAN	وْ	أوْ	لَكِن / بَسّ
JORDANIAN	وْ	أوْ	بَسّ / لَكِن
LEBANESE	و	أوْ	بَسّ
SYRIAN	وْ	أوْ	بَسّ
IRAQI	وَ	أوْ	بَسّ
QATARI	وَ	أوْ	لَكِن / بَسّ
BAHRAINI	و	أوْ	بَس / لَكِن
SAUDI	وَ	أوْ	لَكِن
YEMENI	وَ	ولاَّ	لَيْكِن

Algerian: from French *mais*

و is difficult to pronounce in isolation, as it is only ever naturally used in conjunction with other words. Our friends give their perceived pronunciations of the word, but sometimes overenunciate it! In one dialect, و might be pronounced differently depending on the following word; it might be pronounced /w/ before a vowel and as a short vowel before a consonant.

In the table above, وَ = /wa/, وِ = /wi/, وْ = /w/, and و = /u/.

Because

	🎧 283 because	🎧 284 I'm tired because I didn't sleep much.
MSA	لِأَنَّ	أَنا مُتْعَب لِأَنَّي لَمْ أَنَمْ كَثيراً.
MOROCCAN	حيت حيتاش لَأَنَّ	أَنا عيّان حيتاش مانْعِسْتِش بِزّاف.
ALGERIAN	خاطِرْش خاطِر	أَنا أَني عيّان خاطِر مارْقّتِّش بِزّاف. أَنا أَني عيّان خاطِرْش مارْقَتِّش بِزّاف.
TUNISIAN	عْلى خاطِر	آنا تاعِب عْلى خاطِرْني مارْقَدْتِش بَرْشا.
SUDANESE	عَشان لَأَنَّو	أَنا تَعْبان عَشان ما نِمْتَ كَتير.
EGYPTIAN	عَشان لَإِنّ	أَنا تَعْبان عَشان ما نِمْتِش كِتير.
PALESTINIAN	عَشان	تَعْبان عَشاني مانِمْت كْتير.
JORDANIAN	لَأَنُّو	أَنا تَعْبان لَأَنُّو ما نِمْت مْنيح.
LEBANESE	لَأَنَّ	أَنا تِعْبان لَأَنَّ مِش نايِم كْتير.
SYRIAN	لَأَنَّ	أَنا تِعْبان لَأَنّي مانِمْت مْنيح.
IRAQI	لَأَنَّ	آني تَعْبان لَأَن مانِمْت هْوايَّة.
QATARI	لَأَنَّ	آنا تَعْبان لَأَنّي ما رَقَدْت وايِد.
BAHRAINI	عَشان لَأَنَّ	أَنا تَعْبان لَأَنّي ما رَقَدْت وايِد.
SAUDI	عَلَشان لَأَنَّ	أَنا تَعْبان لِأَنّي ما نِمْت كَتير.
YEMENI	لَأَنَّ مِن سَب عَلى سَب	أَنا تاعِب لَأَنَّني ما رَقَدْتِش.

So

	🎧 285 so	🎧 286 I didn't sleep much, so I'm tired.
MSA	لِذَلِكَ وَبِالتَّالي	لَمْ أَنَمْ كَثيراً، لِذَلِكَ أَنا مُتْعَب.
MOROCCAN	داكْشي عْلاش	مانْعِسْتِش بِزّاف بِالتّالي أَنا عيّان. مانْعِسْتِش بِزّاف داكْشي عْلاش أَنا عيّان.
ALGERIAN	عَلى هَكْذاك	مارْقَتِّش بِزّاف، عَلى هَكْذاك أَني عيّان.
TUNISIAN	هاذاكا عْلاش	مارْقَدْتِش بَرْشا هاذاكا عْلاش آنا تاعِب.
SUDANESE	عَشان كِدا	ما نِمْتَ كَتير، عَشان كِدا أَنا تَعْبان.
EGYPTIAN	عَشان كِدَة	أَنا تَعْبان، عَشان كِدَة ما نِمْتِش كِتير.
PALESTINIAN	عَشان هيْك	مانِمْت كْتير، عَشان هيْك أَنا تَعْبان.
JORDANIAN	عَشان هيْك	ما نِمْت مْنيح، عَشان هيْك أَنا تَعْبان.
LEBANESE	مِشان هيْك	ما نِمْت كْتير، مِشان هيْك تَعْبان.
SYRIAN	لَهيْك	ما نِمْت مْنيح، لَهيْك أَنا تَعْبان.
IRAQI	لِذَلِك	ما نِمِت هْوايَّة، لِذَلِك آني تَعْبان.
QATARI	عَشان چِيْه	ما رَقَدْت وايِد، عَشان چِيْه آنا تَعْبان.
BAHRAINI	عَشان چِذيه	ما رَقَدْت وايِد، عَشان چِذيه آنا تَعْبان.
SAUDI	عَلَشان كِدا	أَنا ما نِمْت كَتير، عَلَشان كِدا أَنا تَعْبان.
YEMENI	لِذَلِك	ما رَقَدْتِّش خَيْرات، لِذَلِك أَنا تاعِب.

When

	🎧 287 when	🎧 288 When I got home, I ate dinner.
MSA	عِنْدَما لَمّا	عِنْدَما عُدْتُ لِلْمَنْزِلِ، تَناوَلْتُ العَشاءَ.
MOROCCAN	مِلّي مِنّي	مِلّي رْجَعْت لِلدّار تْعَشّيت.
ALGERIAN	غيرْ	غيرْ وَلّيت لِلدّار كْليت العِشاء.
TUNISIAN	وَقْتِلّي كي	وَقْتِلّي رَوَّحْت لِلدّار تْعَشّيت. كي رَوَّحْت لِلدّار تْعَشّيت.
SUDANESE	لَمَّن لَمّا	لَمّا جيت البَيْت أَكَلْتَ العَشا.
EGYPTIAN	لَمّا	اتْعَشّيت لَمّا رَوَّحْت البِيْت.
PALESTINIAN	لَمّا	اتْعَشّيت لَمّا رِجَعِت عَالدّار.
JORDANIAN	بَس	بَس وْصِلْت البْيَت اتْعَشّيت.
LEBANESE	لَمّا	لَمّا رْجِعْت عَ البِيت تْعَشّيت.
SYRIAN	لَمّا	لَمّا رْجَعْت عَ البِيت تْعَشّيت.
IRAQI	لَمَّن	لَمَّن رْجَعِت لِلْبَيْت تْعَشّيت.
QATARI	لَمّا	لَمّا رِجَعْت البَيت تْعَشّيت.
BAHRAINI	لَمّا لينْ	لَمّا رِجَعْت البَيت تْعَشّيت.
SAUDI	لَمّا	اتْعَشّيت لَمّا رِجَعْت البَيت.
YEMENI	لَوْ ما حين ساعَةَ ما	لَوْ ما رِجَعْت لِلْبَيْت تْعَشّيت.

Do not confuse the conjunction for *when* with the question word for *when*. (See p. 102.)

Before

	🎧 289 before	🎧 290 Before I went to work, I ate breakfast.
MSA	قَبْلَ أَنْ	قَبْلَ أَنْ أَذْهَبَ إِلَى العَمَلِ، تَناوَلْتُ الإِفْطارَ.
MOROCCAN	قْبِل مِن	قْبِل مِن نِمْشي لِلْخِدْمَة فْطَرْت.
ALGERIAN	قْبِل ما	قْبِل ما روح لِلْخِدْمَة كْلِيت الِفْطور.
TUNISIAN	قْبَل ما	قْبَل ما نِمْشي لِلْخِدْمَة فْطَرْت.
SUDANESE	قَبْل ما	قَبْل ما أَمْشي الشُّغْل أَكَلْتَ الفُطور.
EGYPTIAN	قَبْل ما	فَطَرْت قَبْل ما أَروح الشُّغْل.
PALESTINIAN	قَبْل ما	افْطَرْت قَبْل ما أَروح عَالشُّغْل.
JORDANIAN	قَبِل ما	قَبِل ما رُحْت عَ الشُّغْل أَفْطِرت.
LEBANESE	قَبِل ما	قَبِل ما روح عَ الشُّغْل تْرَوَّقِت.
SYRIAN	قَبِل ما	قَبِل ما روح عَشِغْلي فْطَرْت.
IRAQI	قَبُل لا قَبُل ما	قَبُل لا أَروح لِلشُّغُل تْرَيَّقْت.
QATARI	قَبُل ما	فْطَرْت قَبُل ما روح الدَّوام.
BAHRAINI	قَبُل ما	تفَطَّرْت قَبُل ماروح الشِّغُل.
SAUDI	قَبُل ما	فَطَرْت قَبُل ما أَروح الَعْمَل.
YEMENI	قَبِل ما	قَبِل ما أَسير لِلْعَمَل إِصْطَبَحْت.

The (bare) imperfect verb is used after the conjunction قبل ما even when expressing past time.

After

	🎧 291 after	🎧 292 After I ate lunch, I went to school.
MSA	بَعْدَ أَنْ	بَعْدَ أَنْ تَناوَلْتُ الغَداءَ، ذَهَبْتُ إلَى المَدْرَسةِ.
MOROCCAN	مِن بَعْد ما	مِن بَعْد ما تْغَدّيت مْشيت لِلْمَدْرَسة.
ALGERIAN	بَعْد ما	بَعْد ما كْليت الماكْلة رحْت لِلْمَدْرَسة.
TUNISIAN	بَعْد ما	بَعْد ما فْطَرْت مْشيت لِلْمَكْتب.
SUDANESE	بَعْد ما	بَعْد ما أَكَلْتَ الغَدا مَشيْت الْمَدْرَسة.
EGYPTIAN	بَعْد ما	روحْت الْمَدْرَسة بَعْد ما اتْغَدّيت.
PALESTINIAN	بَعْد ما	بَعْد ما اتْغَدّيت رُحْت عَ الْمَدْرَسة.
JORDANIAN	بَعْد ما	بَعْد ما تْغَدّيت رُحْت عَلى الْمَدْرَسة.
LEBANESE	بَعْد ما	بَعْد ما تْغَدّيت رِحْت عَ الْمَدْرَسة.
SYRIAN	بَعْد ما	بَعْد ما تْغَدّيت رِحْت عَ الْمَدْرَسة.
IRAQI	وَرَى ما	وَرَى ما تْغَدّيت، رِحِت لِلْمَدْرَسة.
QATARI	بَعْد ما	بَعْد ما تْغَدّيت رُحْت الْمَدْرَسة.
BAHRAINI	عُقْب ما	رُحْت المَدْرَسة عُقْب ما تْغَدّيت.
SAUDI	بَعْد ما	بَعْد ما اتْغَدّيت رُحْت الْمَدْرَسة.
YEMENI	بَعْد ما	بَعْد ما تْغَدّيت سِرْت الْمَدْرَسة.

In the examples above, the conjunction for *after* is followed by a perfect (past tense) verb. If not referring to the past, a bare imperfect verb would be used. For example, in Egyptian: بَعْد ما يْروح ('*after he goes*') vs. بَعْد ما راح ('*after he went*').

Time

	🎧 293 last week	🎧 294 this month	🎧 295 next year
MSA	الأسْبوعُ الماضي	هَذا الشَّهْرُ	العامُ القادِمُ
MOROCCAN	السِّمانَة الِّي فات	هاد الشْهَر	العام الجّاي
ALGERIAN	السِّمانَة الِّي فاتِت	هَذا الشْهَر	الْعام الِجاي
TUNISIAN	الجُّمْعَة اللِّي فاتِت	الشْهَر هاذا	الْعام الجّاي
SUDANESE	اَلأسْبوع الْفات	اَلشَّهْر دا	اَلسَّنَة الْجاية
EGYPTIAN	الإسْبوع الِّي فات	الشْهَر دَه	السَّنَة الجاية
PALESTINIAN	الأسْبوع الِّي فات	هادا الشّهر	السَّنة الجّاية
JORDANIAN	الأسْبوع الْماضي	هادَ الشّهْر	السَّنة الجّاي
LEBANESE	الأسْبوع الْماضي	هَيْدا الشَّهْر	السِّنِة الِجّايِه
SYRIAN	الإسْبوع الْماضي	هَيْدا الشّهْر	السِّنِة الِجّايِه
IRAQI	الأسْبوع الِرّاح	هاذَ الشّهْرِ	السَّنَة الجّايَة
QATARI	الأسْبوع الِّي طاف	هاي الشّهْر	الْعام الِجّاي
BAHRAINI	الإسْبوع الِّي فات	هَذا الشَّهْر	السَّنَة اليّاية
SAUDI	اَلأسْبوع إلِّي فات	هَادا الشّهْر	اَلسَّنَة الجّاية
YEMENI	الأسْبوع الْماضي الأسْبوع الأَوَّل	هذا الشّهْر	السَّنَة الْجاية السَّنَة الي عَتْجي

Months

	🎧 296 January	🎧 297 February	🎧 298 March	🎧 299 April
MSA	يَنايِرُ	فِبْرايِرُ	مارِسُ	إِبْريلُ
MOROCCAN	يَنايِر	فِبْرايِر	مارِس	أَبْريل
ALGERIAN	جانْفي	فيڤْري	مارْس	أَفْريل
TUNISIAN	جانْفي	فيڤْري	مارْس	أَفْريل
SUDANESE	يَنايِر	فَبْرايِر	مارِس	إِبْريل
EGYPTIAN	يَنايِر	فِبْرايِر	مارِس	إِبْريل
PALESTINIAN	يَنايِر	فِبْرايِر	مارِس	أَبْرِل
JORDANIAN	شَهِر واحِد	شَهِر اِثْنين	شَهِر ثَلاث	شَهِر أَرْبَعة
LEBANESE	كانون تاني	شْباط	آذار	نيسان
SYRIAN	كانون الِتّاني	شْباط	آذار	نيسان
IRAQI	كانون الِتّاني	شْباط	آذار	نيسان
QATARI	يَنايِر شَهْر واحِد	فِبْرايِر شَهْر اِثْنين	مارِس شَهْر ثَلاثَة	إِبْريل شَهْر أَرْبَعة
BAHRAINI	شَهَر واحِد	شَهَر اِثْنين	شَهَر ثَلاثَة	شَهَر أَرْبَعة
SAUDI	يَنايِر	فِبْرايِر	مارِس	إِبْريل
YEMENI	يَنايِر	فِبْرايِر	مارِس	إِبْريل

	🎧 300 May	🎧 301 June	🎧 302 July	🎧 303 August
MSA	مايو	يونيو	يوليو	أَغُسْطُسُ
MOROCCAN	ماي	يونْيو	يولْيوز	غُشْت
ALGERIAN	ماي	جْوان	جْويلِيَّة	أوت
TUNISIAN	ماي	جْوان	جْويلْيَة	أوت
SUDANESE	مايو	يونْيو	يولْيو	أَغُسْطُس
EGYPTIAN	مايو	يونْيو يونْيَة	يولْيو يولْيَة	أَغُسْطُس
PALESTINIAN	مايوْ	يونْيوْ	يوْلْيوْ	أَغُسْطُس
JORDANIAN	شَهِر خَمْسَة	شَهِر سِتَّة	شَهِر سَبْعَة	شَهِر ثَمَنِيَّة
LEBANESE	أَيَّار	حْزَيْران	تَمّوز	آب
SYRIAN	أَيَّار	حْزَيْران	تَمّوز	آب
IRAQI	أَيَّار	حْزَيْران	تَمّوز	آب
QATARI	مايو شَهَر خَمْسَة	يونْيو شَهَر سِتَّة	يولْيو شَهَر سَبْعَة	أَغُسْطُس شَهَر ثَمانِيَّة
BAHRAINI	شَهَر خَمْسَة	شَهَر سِتَّة	شَهَر سَبْعَة	شَهَر ثَمانِيَّة
SAUDI	مايو	يونْيو	يولْيو	أَغُسْطُس
YEMENI	مايوْ	يوْنْيوْ	يوْلْيوْ	أَغُسْطُس

	🎧 304 September	🎧 305 October	🎧 306 November	🎧 307 December
MSA	سِبْتَمْبرُ	أُكْتوبرُ	نوفَمْبرُ	ديسَمْبرُ
MOROCCAN	شُتَنْبرَ	أُكْتوبرَ	نُوَنْبرَ	دُجَنْبرَ
ALGERIAN	سِبْتَمْبرَ	أُكْتوبرَ	نوفُمْبرَ	ديسَمْبرَ
TUNISIAN	سِبْتَمْبرَ	أُكْتوبرَ	نوفُمْبرَ	دَسَمْبرَ
SUDANESE	سَبْتَمْبَر	أُكْتوبَر	نوفَمْبَر	ديسَمْبَر
EGYPTIAN	سِبْتَمْبَر	أُكْتوبَر	نوفَمْبَر	ديسَمْبَر
PALESTINIAN	سِبْتَمْبَر	أُكْتوبَر	نوفِمْبَر	ديسَمْبَر
JORDANIAN	شَهِر تِسْعَة	شَهِر عَشْرَة	شَهِر إِحْدَعْش	شَهِر اِتْنَعْش
LEBANESE	أَيْلول	تِشْرين أَوَّل	تِشْرين تاني	كانون أَوَّل
SYRIAN	أَيْلول	تِشْرين الِأَوَّل	تِشْرين الِتّاني	كانون الِأَوَّل
IRAQI	أَيْلول	تِشْرين الِأَوَّل	تِشْرين الِتّاني	كانون الِأَوَّل
QATARI	سِبْتَمْبَر شَهَر تِسْعَة	أُكْتوبَر شَهَر عَشْرَة	نوفَمْبَر شَهَر إِحْدَعْش	ديسَمْبَر شَهْر اثْنَعْش
BAHRAINI	شَهَر تِسْعَة	شَهَر عَشْرَة	شَهَر هْدَعْش شَهَر إِحْدَعْش	شَهَر اثْنَعْش
SAUDI	سِبْتَمْبَر	أُكْتوبَر	نوفَمْبَر	ديسَمْبَر
YEMENI	سِبْتَمْبَر	أُكْتوبَر	نوفَمْبَر	ديسَمْبَر

Days of the Week

	🎧 308 Sunday	🎧 309 Monday	🎧 310 Tuesday	🎧 311 Wednesday
MSA	الأَحَدَ	الاثْنَيْنَ	الثُّلاثاءَ	الأَرْبِعاءَ
MOROCCAN	الأَحَد	الاثْنين	الثُّلاث	الأَرْبَع
ALGERIAN	الأَحَد	الإِثْنين	الثُّلاثاء	الأَرْبَعاء
TUNISIAN	الأَحَد	الإِثْنين	الثَّلاثَة	الاربعا
SUDANESE	اَلأَحَد	اَلاِتنين	اَلسَّلاساء	اَلأَرْبِعاء
EGYPTIAN	الْحَدّ	الاِتْنَيْن	التَّلات	الأَرْبَع
PALESTINIAN	الأَحَد	التِّنَيْن	التَّلاتَة	الأَرْبِعا
JORDANIAN	الأَحَد	الاتْنين	الثُّلاثا	الأَرْبَعاء
LEBANESE	الأَحَد	التَّنَيْن	التَّلاتَة	الأَرْبِعا
SYRIAN	أَحَدّ	إِتْنَيْن	تَلاتا	أَرْبَعا
IRAQI	الأَحَد	الاتْنين	الثُّلاثاء	الأَرْبَعاء
QATARI	الأَحَد	الاِثْنَيْن	الثُّلاثاء	الأَرْبَعاء
BAHRAINI	الأَحَد	الاِثْنَيْن	الثَّلاثا	الأَرْبَعا
SAUDI	اَلأَحَد	اَلاثنَيْن	اَلثَّلوت	اَلرُّبوع
YEMENI	اَلأَحَد	اَلاِثْنَيْن	اَلثَّلوث	اَلرَّبوع

	🎧 312 **Thursday**	🎧 313 **Friday**	🎧 314 **Saturday**
MSA	الخَميسَ	الجُمْعَةَ	السَّبْتَ
MOROCCAN	الْخْميس	الجِّمْعَة	السَّبْت
ALGERIAN	الِخْميس	الجِّمْعَة	السِّبْت
TUNISIAN	الخْميس	الجِّمْعَة	السَّبْت
SUDANESE	اَلْخَميس	اَلْجُمْعَة	اَلسَّبْت
EGYPTIAN	الْخَميس	الْجُمْعَة	السَّبْت
PALESTINIAN	الْخَميس	الجُمْعَة	السَّبْت
JORDANIAN	الْخَميس	الجِّمْعَة	السِّبْت
LEBANESE	الخَميس	الجُمْعَة	السَّبْت
SYRIAN	خَميس	جُمْعَة	سَبْت
IRAQI	الخَميس	الجُّمْعَة	السَّبِت
QATARI	الْخَميسَ	الجِّمْعَة	السَّبْت
BAHRAINI	الْخَميس	الْيِمْعَة	السَّبْت
SAUDI	اَلْخَميس	اَلْجُمْعَة	اَلسَّبْت
YEMENI	اَلْخَميس	الْجُمْعَة	اَلسَّبْت

119 | Arabic vs. Arabic: A Dialect Sampler

Adverbs of Frequency

	🎧 315 always	🎧 316 usually	🎧 317 sometimes	🎧 318 never
MSA	دائِماً	عادَةً	في بَعْضِ الأَحْيان / أَحْياناً	أَبَداً / قَطُّ
MOROCCAN	ديما	عادَةً	في بَعْض الأَحْيان	أَبَداً
ALGERIAN	دايمًا	دايمًا	مَرّات	جامي
TUNISIAN	ديما	في العادَة	بَعْد ساعات / ساعات	جِمْلَة بالكُلّ
SUDANESE	دايْماً / طَوّالي	عادةً	أَحْياناً	أَبَداً
EGYPTIAN	دايْماً	عادَةً	ساعات	أَبَداً
PALESTINIAN	دايْماً	أَغْلَب الأَحْيان	مَرّات	بالْمَرّا
JORDANIAN	دايْماً	عادَةً	أَحْياناً	أَبَداً
LEBANESE	دايْماً	عادَةً	أَحْياناً	أَبَداً
SYRIAN	دايْماً	عادَةً	بَعْض الإِحْيان	نِهائِيّاً
IRAQI	دائِماً	بِالْعادَة	مَرّات	مِسْتَحيل
QATARI	دايْماً	دايْماً	ساعات	أَبَداً
BAHRAINI	عَلى طول	في الْعادَة	ساعات	بالْمَرّة / أَبَداً
SAUDI	دايْماً	عادَةً	أَحْياناً	أَبَداً
YEMENI	دايْماً	كُلّ ساع	أَحْيان / بَعْض الْأَحْيان	أَبَداً

Algerian: from French *jamais*

Weather

	🎧 319 It's raining.	🎧 320 It's very hot today.
MSA	السَّماءُ تمْطِرُ.	الجَوُّ حارّ جِدًّا اليَوْمَ.
MOROCCAN	كْطَيّح الشْتا.	الْجَوّ سْخون بِزّاف اليوما.
ALGERIAN	الشِّتاء راهي الطِّيح.	الجَوّ سْخون بِزّاف اليوم.
TUNISIAN	المْطَر تْصُبّ.	الْيوم الطَّقْس سْخون بَرْشا.
SUDANESE	في مَطَرَة.	اَلْجَوّ حار شَديد اللَّيْلَة.
EGYPTIAN	الدِّنْيا بتْمَطَّر.	الْجَوّ حرّ أوي النَّهارْدَه.
PALESTINIAN	الدِّنْيا بِتْشَتّي.	الْيَوْم شوْب كْتير.
JORDANIAN	سَما بِتْمَطِّر.	الِجَوّ شوْب بَرّا.
LEBANESE	عَم تْشَتّي.	كْتير شوْب الْيَوْم.
SYRIAN	السَّما بِتْشَتّي.	الْيَوْم الْجَوّ شوْب كْتير. الْيَوْم الْجَوّ حَرّ كْتير.
IRAQI	السَّما تمْطُر.	الجَوّ حار كِلِّش الْيوْم. الجَوّ كِلِّش حار الْيوْم.
QATARI	السَّما تمْطَّر.	الِجَوُّ وايد شوب.
BAHRAINI	يْطيح مَطَر.	وايِد بَقَّة الْيوم. وايِد حَرّ الْيوم.
SAUDI	اَلسَّما بِتْمَطِّر.	اَلْجَوّ مَرَّة حارّ آلْيوْم.
YEMENI	اَلْمَطَر بيِنْزِل.	اَلدِّنْيا حَما قَوي الْيَوْم.

Arabs Say...

In this section, we can read some of the most interesting responses to a survey I conducted with native speakers of Arabic from various parts of the Arab World. I have tried to provide enough responses in the book in order to show a good sampling of viewpoints held by Arabs towards their language and usage of it. (Minor edits have been made for English grammar and punctuation, as well as for conciseness and clarity. The term 'MSA' is used in place of *al-fus-ha*, 'Classical Arabic', etc., for the sake of consistency.)

Does everyone in your country speak the same dialect?

"Nowadays, nearly all youth speak the same dialect with very few differences regardless of the place (big cities, the countryside, Upper Egypt*). However, old people still speak in a different way from place to place. Usually the differences aren't major, so it is very rare that people couldn't understand one another in Egypt. For example, the word 'pregnant' is حامِل in most of Egypt, but some old people in the countryside and Upper Egypt say جِبْلِي. Also, the word 'yesterday' is أمْس in MSA, but in dialect in most of Egypt, we use إمْبارِح, while in some places in the countryside and Upper Egypt, people say عَشِيَّة. There are a few places in Egypt where the language spoken there cannot be understood by other people, such as Nubia** and the Western Desert." —**Mohamed, Egypt**

  * Upper Egypt = central Egypt, from south of Cairo to Aswan

  ** Nubia = southern Egypt, south of Aswan

"No, there is sometimes a slight, sometimes a big difference in accent according to the area. The varieties differ in some sounds like ق and ڨ. In the coastal areas, people use the first sound (ق /q/) in a word, while in the internal areas of the country, people use the second (ڨ /g/). Let's give an example: People in Sousse (the coastal area) say قُرِيبَة (which means 'near'); in Tatawin (the far south), people pronounce the same word as ڨُرِيبَة." —**Zaidi, Tunisia**

"In Algeria, there are almost 30 dialects. In the east, dialects are closer to the Tunisian dialect. In El-Taref, for instance, they say ياسر ('a lot'); in Tebessa, they say تو ('now'). Toward the west, the dialects are merged with Moroccan terms and accent. For example, in Oran, they say واه ('yes'), مطيشة ('tomato') like the Moroccans. Those varieties are also influenced by their proximity to the Amazigh [Berber] region. We can take the Jijli dialect (from the wilaya [state] of Jijel near Bejaia, where Amazigh is the mother tongue), in which the ق is pronounced like ك [k]. In the center [of Algeria], especially in Algiers, the dialect is influenced by some Turkish words. In North and Tassili regions, mostly French has a great impact on dialects. They mostly use French words but with Algerian grammar and pronunciation. For example, كسرونة from French casserole, which means 'a pan'. In the western regions, we can also find words having Spanish origin, such as بولا from Spanish bola ('ball')." —**Nesma, Algeria**

"Young people and teenagers use their own language. They have tendency to mix up French and Arabic to create hybrid words. For example, 'impohal' is a hybrid of the French and Arabic words for 'impossible': 'impossible' and محال. Facebook has also created a new style of speaking." —**Amine, Algeria**

"In Sudan, there's minimal variation in dialects. Most people speak the same dialect. People who live in rural areas might have a slightly different vocabulary than those who live in urban areas." —**Suhaib, Sudan**

"It's almost the same, but in the north of Iraq live the Kurds, and they speak the Kurdish language. Central and southern Iraq are similar but with minor differences." —**Hassan, Iraq**

"Certainly not. Dialects differ quite a bit, not only in the north and the south, but also the more inwards you go, that is, the further east you are from the coast. A few distinct examples: If you go to the capital, Beirut, located in the center of the country, right on the Mediterranean, people would say شو for what and ليْه for why. If you go 30 kilometers north (about 18.5 miles), still along the coast, you arrive in Jbeil (Byblos), my hometown, a prominent town, with a very distinct dialect, where we would say أيْش for what and ليْش for why. In Beirut, 'I don't want to…' would translate as ما بدّي, whereas in Jbeil, it would be ما بدّش. If you go further in, you reach the Plains of Bekaa; there, people would ask you كيف حالَك؟ for 'How are you?', but if you're on the coast, you're more likely to hear كيفَك؟." —**Rita, Lebanon**

"In Jordan, the letter ق is changed to /g/ or /k/ or /ء/. Traditionally, /g/ is common among Bedouins*, and /ء/ in urban areas. However, recently, there's a trend that, no matter one's origin (Bedouin, village, or city), all men should say /g/ because it sounds more masculine, and all women should say /ء/ because it sounds more feminine… if that makes sense. For example, if a Bedouin girl speaks in her native dialect using the /g/ sound, she might get judged because she's not saying /ء/. True story: My uncle is originally from the city, so he pronounces the ق as /ء/. His son told him, 'Please don't say /ء/! Be more manly and say /g/.'" —**Ayah, Jordan**

* Bedouin = desert dweller (often nomadic)

Above, we have seen that dialects can be affected by geography, as well as generation and gender. What about economic class, education, and religion?

"Educated people speak a 'good' dialect (closer to MSA), but uneducated people (who are called غجر or نور, which means 'Gypsies') speak a dialect that other people outside of their group have difficulty understanding. Economic and social factors force these people to shift from their dialect to the dialect of the upper-class so that they can find a good and well-paid job. The dialect of the upper-class carries prestige. Mosques and churches use MSA since it is the language of the Holy Qur'an for Muslims and the language of the Bible for Christians." —**Zakaria, Palestine**

"In Egypt, we don't have any differences in the spoken language according to one's religion at all. Educated people tend to use a more ordered and clear way of speaking than the non-educated." **—Mohamed, Egypt**

"People of high social class use a kind of sophisticated dialect that people tend to copy. This dialect is special. It contains a lot of French. And it is usually referred to as 'sexy'. The media uses the uneducated people's dialect for humourous reasons, because it sounds 'funny'. For religion, I don't think there is a difference that I know of." **—Zaidi, Tunisia**

"No, people of different social classes do not use the same style of speaking. Educated people use a 'Frenchy' style of speaking. (Algeria was colonized by France, so French is the second language and is considered to be the language of prestige." **—Amine, Algeria**

"Some Beirutis and other soft-accented Lebanese consider those with 'thicker dialects' to be of lesser status or social class than they are. That's not accurate, however, because, as an example, you could visit a town where people are known for their thick dialect, and the richest, white-collar resident in that town would still have that same thick dialect. So it's basically the same accent in that region, regardless of class. However, many Lebanese will dilute or tone down their accent when they leave their towns (or Lebanon in general if they find themselves in the Lebanese diaspora abroad)." **—Rita, Lebanon**

Do you ever write your dialect? How do you know or decide how to spell words?

"Yes, I write it every day for informal messages and daily chatting. The Syrian dialect is very similar to MSA, so it is easy to write and understand." **—Wessam, Syria**

"We usually write it on social media platforms like Facebook, WhatsApp, etc. We basically spell it as we pronounce it." **—Hassan, Iraq**

"Yes, we often write our dialect when texting or using social media, but here's the catch: we do not write our dialect using Arabic letters; this rarely happens. We use the Latin alphabet. This is very common among Lebanese millennials and has recently expanded to reach our parents. Not everybody spells words the same way; however, everybody has somehow agreed on numbers that represent specific letters in the Arabic alphabet. For example, the number 7 represents the letter ح, the number 3 represents ع, the number 2 is ء, and so on. The main reason these were agreed upon as the 'chosen numbers' is the vague resemblance between these numbers and the Arabic letters in question. It is important to note here that this is not exclusive to Lebanon or Lebanese, and that the other Arab countries follow this very method, as well. They will all, of course, use it to reflect their own dialects, though the letters are going to be the same." **—Rita, Lebanon**

"Writing the Egyptian dialect is common only in informal messaging and chatting. In anything else, only MSA is accepted. There are no rules for spelling words; they are just typed as they are pronounced." **—Ahmed, Egypt**

"I write my dialect when I text people from my country through social media or communication apps. Usually, the spelling is improvised. You simply try to use letters that sound the closest to how you pronounce a word." —**Awad, Sudan**

"Yes, I do write my dialect. In situations when I am speaking to my friends and family online. In Tunisia, as you might know, we developed a technique to write Derja* Arabic in Latin words and numbers. For example, 'klit ma9rouna w 3dham' (I ate pasta and eggs.) or '2enti winek 5ouya l8ali' (Where are you, my precious brother?)." —**Mohamed, Tunisia**

* دارجة = dialect, spoken language

"Yes, I write in dialect usually in non-formal texts like cell phone messages. Words are spelled the same way they are pronounced. For example, if I want to say 'I'm going to the mall.': انا رايحه المول" —**Rania, Saudi Arabia**

If a foreigner comes to live/work in your country, should they learn MSA or the dialect? Why?

"Dialect. It is the language commonly used in our daily lives." —**Mohamed, Egypt**

"It depends! If the foreigner comes to work, then he should learn MSA, but if he comes to live, then it is better for him to learn the dialect so not to be criticized or mocked." —**Zakaria, Palestine**

"Both, because people use dialect for communication but MSA for formal writing and formal documents." —**Nourah, Saudi Arabia**

"I would definitely say MSA. It's better, more formal, easy to follow grammar rules, and more understood." —**Milad, Syria**

"It's easier to learn the dialect, but people in my country speak both, so he won't have problems speaking MSA." —**Hassan, Iraq**

"MSA should be learned if the student is going to use it for professional purposes like journalism, translating, etc. However, if it's merely conversational, then I'd say there are two schools of thought: One the one hand, absolutely not MSA because you'd never see a native Arabic walking into a room speaking in MSA. Some people would tease them, although endearingly. On the other hand, maybe learning it is not such a bad idea, particularly because they're likely going to have an accent, probably a strong one, so, imagine they end up in a different Arab country. While most Arabic dialects are understood widely in the Arab world, it's going to be much harder to understand a foreigner speaking a whole other dialect of Arabic when they already have a hard time expressing Arabic clearly, to begin with, especially if they're beginners." —**Rita, Lebanon**

*"The Egyptian dialect is known to be the easiest and most understandable dialect among Arabic speakers who don't live in Egypt. But if foreigners come to Egypt, they should also learn MSA, which is known very well in Egypt and most of the Arab Countries. It is easy to learn the Egyptian dialect if you know MSA, but it is not easy to learn MSA if you only learned the Egyptian dialect. You can easily communicate with others in Egypt using MSA, but with the Egyptian dialect only

you wouldn't be able to deal with formal situations, read documents, do writing tasks in your job, understand the news, etc." —**Ahmed, Egypt**

"They would be able to survive with MSA; however, they would lose the sense of speaking to people in their own tongue. I'd definitely recommend learning the local dialect." —**Suhaib, Sudan**

"He should learn dialect because MSA is not used at all in daily conversations and the Algerian dialect is somehow far from MSA." —**Nesma, Algeria**

"He should learn MSA because everyone in my country understands MSA. Besides, it will be beneficial to him once he visits any other Arab country." —**Zakaria, Palestine**

"I have suggested to a friend of mine who is British to learn MSA because it is understandable and basically more formal. Also, learning Darija [dialect] would take forever." —**Houssam, Morocco**

Imagine that your government replaced MSA as the official language of your country with your dialect. It would have a standardized spelling system and grammar rules and be used in newspapers and books. What is your opinion?

"I would disagree because this broadens the gap between people in Arab counties. MSA being the official language helps us share cultures and knowledge easier; it helps us overcome the barriers to communication in some situations. If Egyptian Arabic was the official language, this would discourage people from learning MSA, and we would end up with a completely different language, which is a step towards killing globalization." —**Ahmed, Egypt**

"I would not support it." —**Rania, Saudi Arabia**

"They have already tried to standardize it, but it was just too difficult to achieve. It caused so much conflict. Overall, I don't think it could work. Our dialect is too poor and informal to be used in educational and news matters. Basically, eliminating MSA would mean having to go look for another identity." —**Houssam, Morocco**

"Religion and the Arab nationalism movement have made MSA irreplaceable for the Sudanese (and many other Arab nations). Such a suggestion would be overwhelmingly rejected by the masses." —**Suhaib, Sudan**

"I can't imagine that for many reasons; there are many dialects in Algeria, so which one would they use? It is hard to establish spelling and grammar rules, as the dialects are heterogeneous. Also, MSA has spiritual value amongst Algerians—it is the language of their Holy Book, the Qur'an." —**Nesma, Algeria**

"I would not agree to that. The MSA language is very rich and 'classy.' Actually, there are radio stations and books in my dialect, but I am against this because MSA unites the Arab world in language, at least, so there will be a communication problem too, I guess." —**Zaidi, Tunisia**

When you speak to Arabs from other countries, what kind of Arabic do you speak together?

"Usually a mix between my local dialect and MSA." —**Suhaib, Sudan**

"It depends on the person I'm speaking with. I usually mix my speech from both dialects, mine and his." —**Hassan, Iraq**

"Most of the time, I use my dialect, the Syrian one. It's close to MSA, so it is doesn't cause many misunderstandings." —**Milad, Syria**

"I stick to Lebanese because I've given up trying to speak in different dialects or accents for that matter!" —**Rita, Lebanon**

"I just speak my dialect, Egyptian. It's widely understood and I can express myself easily." –**Mohamed, Egypt**

"Egyptian Arabic." —**Ahmed, Egypt**

"Either MSA, which is the best-known language in the Arab World, or the Egyptian Dialect, which is known through media and TV." —**Zakaria, Palestine**

"Sometimes MSA and sometimes in dialects. Generally, we have a tendency to use the Egyptian dialect or that of the region of Syria. When speakers can understand each others' dialects, everyone uses his own dialect." —**Nesma, Algeria**

"MSA in most cases because Tunisian Arabic is usually not understood." —**Zaidi, Tunisia**

"I would say 'a fixed darija.' I keep speaking as usual, but I remove words that are difficult for them to understand. You can see this when Moroccans are speaking on Egyptian or Saudi talk shows on TV." —**Houssam, Morocco**

"Even if each person speaks his or her own dialect, we have no problem understanding each other because it is all Arabic." —**Nourah, Saudi Arabia**

Your Notes

The following section is for recording notes on whatever you notice and find interesting about each dialect. If you would rather not write in this book or have a digital copy and prefer taking notes on paper, you can also download a PDF of the *Your Notes* section from **www.lingualism.com/ava-notes** to print out for personal use.

Consider writing down points of observation on pronunciation and grammar (negation, verb tense formation, etc.), as well as innovative features (those unique to the dialect) and conservative features (universal features shared by other dialects and/or MSA). List interesting words and phrases that you would like to remember. Write down questions for native speakers—you may have the opportunity to ask these later and learn more.

To get you started, some notes, including the number of native speakers, are given.

MSA

- MSA (Modern Standard Arabic)
- No native speakers (learned in school—individuals have varying degrees of proficiency in MSA, largely depending on education)
- Official (or co-official) language of 28 countries.
- Based on Classical Arabic (6th century-Arabian dialect).
- Arabs make little distinction between MSA and Classical Arabic and refer to both as الفُصْحَى.

Moroccan

27 million speakers

- "Maghrebi Arabic" includes Moroccan, Algerian, Tunisian, and Libyan.
- ت has a unique pronunciation: /tˢ/. A silibant hiss (a light /s/) follows the /t/ sound.
- Present tense "be" (optional, instead of zero copula—same as Algerian, see next page.)

Algerian

(29 million speakers)   Present tense "be" (optional, instead of zero copula—see p. 55).

I am	راني	we are	رانا
you are (m)	راك	you are (pl)	راكُم
you are (f)	راكي		
he is	راه	they are	راهُم
she is	راها / راهي		

- Also starting with أ
- Negative: ما‍ش   مارانيش I am not

Tunisian

- 11 million speakers

- ض pronounced like ظ

Sudanese

29 million speakers

137 | Arabic vs. Arabic: A Dialect Sampler

Egyptian

(62 million speakers)

Two-thirds of the population of Egypt speak Egyptian Arabic (Cairo and north). Most of the rest (south of Cairo) speak the Sa'idi Arabic dialect.

Palestinian

(6.2 million speakers)

"Levantine Arabic" includes Palestinian, Jordanian, Lebanese, and Syrian.

Jordanian

Lebanese

6 million speakers

Syrian

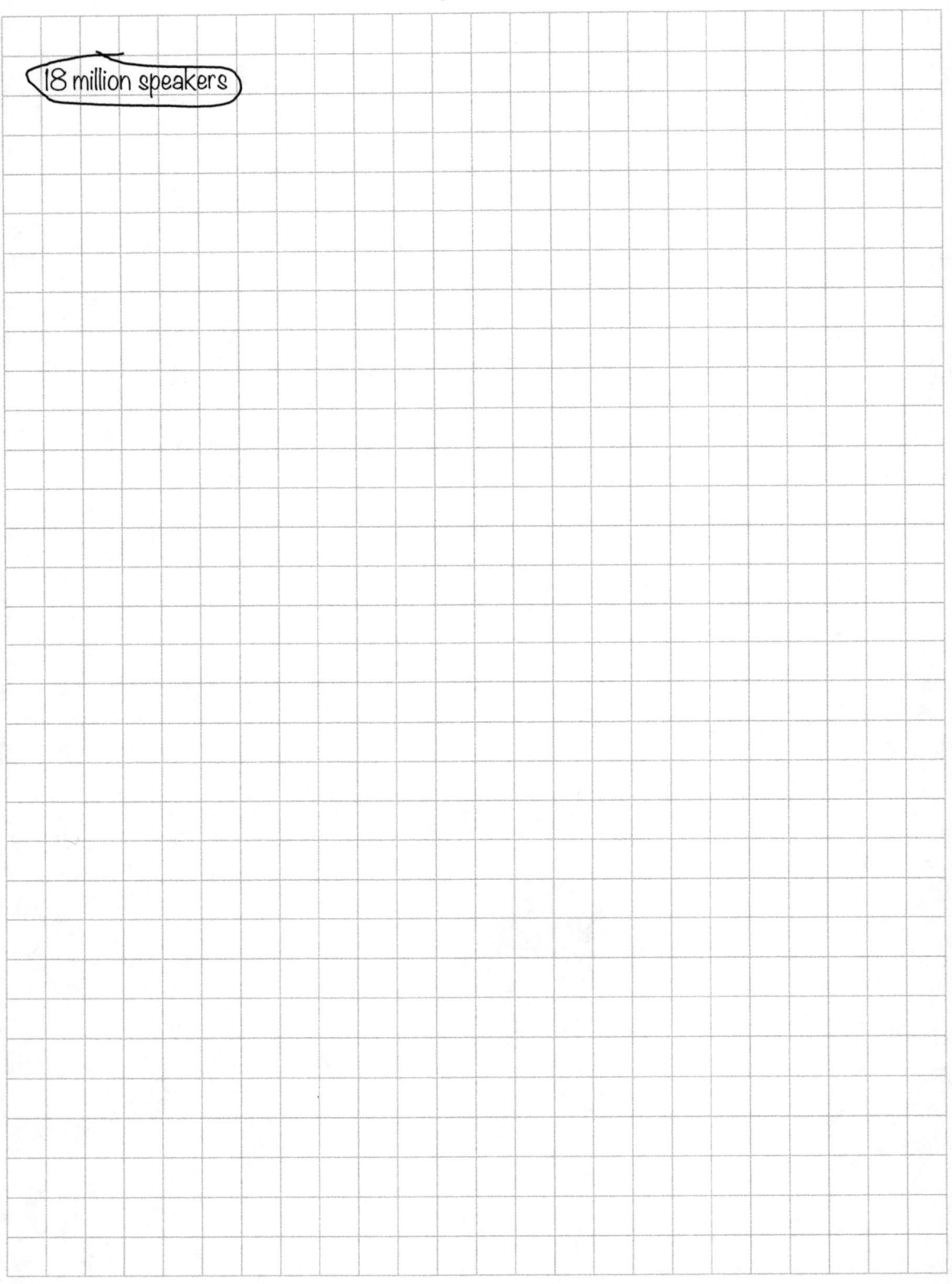

18 million speakers

Iraqi

(29 million speakers)

Qatari

0.26 million speakers

Bahraini

0.4 million speakers

"Gulf Arabic" includes Bahraini, Kuwaiti, Qatari, Emirati, and varieties spoken along the eastern coast of Saudi Arabia.

Saudi

14 million speakers

In this book, "Saudi" refers specifically to the Hejazi dialect of western Saudi Arabia. This dialect differs from Najdi (spoken around Riyadh).

Yemeni

15 million speakers

Also spoken in Djibouti (and Somalia).

Visit our website for information on current and upcoming titles, free excerpts, and language learning resources.

www.lingualism.com

www.ingramcontent.com/pod-product-compliance
Lightning Source LLC
Chambersburg PA
CBHW060459010526
44118CB00018B/2472